René Guénon

ESTUDIOS SOBRE EL HINDUÍSMO

René Guénon
(1886-1951)

Estudios sobre el Hinduísmo

Título original: "*Études sur l'Hindouisme*"
Primera publicación en 1968 - Paris, Éditions Traditionnelles

Publicado por
Omnia Veritas Ltd

www.omnia-veritas.com

CAPÍTULO I	7
ÂTMÂ-GÎTÂ	7
CAPÍTULO II	15
EL ESPÍRITU DE LA INDIA	15
CAPÍTULO III	30
KUNDALINÎ-YOGA	30
CAPÍTULO IV	52
LA TEORÍA HINDÚ DE LOS CINCO ELEMENTOS	52
CAPÍTULO V	84
DHARMA	84
CAPÍTULO VI	91
VARNA	91
CAPÍTULO VII	98
TNTRISMO Y MAGIA	98
CAPÍTULO VIII	103
EL QUINTO VÊDA	103
CAPÍTULO IX	113
NÂMA-RÛPA	113
CAPÍTULO X	121
MÂYÂ	121
CAPÍTULO XI	126
SANÂTANA DHARMA	126

Capítulo I

ÂTMÂ-GÎTÂ[1]

En nuestra más reciente obra, hemos hecho alusión a un sentido interior del *Bhagavad Gîtâ*, que, cuando es considerado desde ese punto de vista, toma el nombre de *Âtma-Gîtâ*[2]; como se nos han pedido algunas explicaciones al respecto, pensamos que no carecerá de interés el darlas aquí.

El *Bhagavad Gîtâ* que es, como se sabe, un episodio desgajado del *Mahâbhârata* [3] ha sido tantas veces traducido en las lenguas occidentales que debería ser bien conocido de todo el mundo; pero no es así, pues, a decir verdad, ninguna de tales traducciones testimonia una verdadera comprehensión. El título mismo es traducido

---

[1] Publicado originalmente en *Le Voile d'Isis*, marzo de 1930.

[2] *Autoridad espiritual y poder temporal*, cap. V.

[3] Recordamos que los dos *Itihâsas*, es decir, el *Râmâyana* y el *Mahâbhârata*, forman parte de la Smriti, luego teniendo el carácter de escritos tradicionales, son cosa muy distinta que los simples "poemas épicos", en el sentido profano "literario", que en ellos ven de ordinario los Occidentales.

generalmente de manera algo inexacta, por "Canto del Bienaventurado", pues en realidad, el sentido principal de *Bhagavad* es el de "glorioso" y "venerable"; el de "dichoso" existe también, pero de manera secundaria, y además conviene bastante mal en el caso de que se trata[4]. En efecto, *Bhagavat* es un epíteto que se aplica a todos los aspectos divinos, y también a los seres que son considerados como particularmente dignos de veneración[5]; la idea de felicidad, que es por otra parte, en el fondo, de orden completamente individual y humano, no aparece ahí necesariamente contenida. Nada hay de sorprendente en que este epíteto sea dado especialmente a Krishna, que no es solamente un personaje venerable, sino que, en tanto que octavo avatara de Vishnú, corresponde realmente a un aspecto divino; pero hay aún aquí alguna cosa más.

Para comprender esto, hay que recordar que los dos puntos de vista vishnuíta y shivaíta, que corresponden a dos grandes vías convenientes para seres de naturaleza diferente, toman cada uno, como soporte para elevarse hacia el Principio supremo, uno de los dos aspectos divinos,

---

[4] Hay cierto parentesco, que puede prestarse a confusión, entre las raíces *bhaj* y *bhuj*; esta última, cuyo sentido primitivo es el de "comer" expresa sobre todo ideas de disfrute, de posesión, de bienestar; por el contra, en la primera y en sus derivados, como *bhaga* y sobre todo *bhakti*, las ideas predominantes son las de veneración, de adoración, de respeto, de sacrificio o de dedicación.

[5] Los Budistas dan de forma natural ese título a Buda, y los Jaïnistas lo dan igualmente a sus *Tirthankaras*.

complementarios en cierto modo, a los cuales deben sus designaciones respectivas, y trasladan este aspecto de tal manera que lo identifican al Principio mismo, considerado sin ninguna restricción y más allá de toda determinación o especificación cualquiera. Es por lo que los *Shaivas* designan al Principio supremo como *Mahâdêva* o *Mahêshwara*, que es propiamente un equivalente de Shiva, en tanto que los *Vaishnavas* lo designan igualmente por alguno de los nombres de Vishnu, como *Nârâyana* o *Bhagavat*, este último siendo empleado sobre todo por cierta rama que tiene por esta razón la denominación de *Bhâgavatas*. No hay por otra parte en todo ello ningún elemento de contradicción: los nombres son múltiples como las vías con las cuales se relacionan, pero esas vías, conducen mas o menos directamente todas hacia el mismo fin; la doctrina hindú no conoce nada semejante al exclusivismo occidental, para el cual una sola y misma vía debería convenir parecidamente a todos los seres, sin tener en cuenta las diferencias de naturaleza que existen entre éstos.

Ahora será fácil comprender que *Bhagavat*, estando identificado al Principio supremo, no es otro, por ello mismo, mas que el *Atmâ* incondicionado; y esto es cierto en todos los casos ya sea este Atmâ considerado en el orden "macrocósmico" o en el orden "microcósmico", según que se quiera hacer la aplicación a puntos de vista diferentes; no podemos ni soñar en reproducir todos los desarrollos que hemos ya dado en otra parte a este respecto[6]. Lo que nos interesa mas directamente aquí es la aplicación que podemos denominar "microcósmica", es decir, la que se hace a cada ser considerado en particular; a este respecto, Krishna y Arjuna representan respectivamente el "Sí mismo" y el "Yo", la personalidad y la individualidad, que son *Atmâ* incondicionado y *jîvâtmâ*. La enseñanza dada por Krishna y Arjuna es, desde ese punto de vista interior, la intuición intelectual, suprarracional por la cual el "Sí mismo" se comunica al "Yo", cuando este está "cualificado" y preparado de tal manera que esta comunicación pueda establecerse de modo efectivo.

Habrá que destacar, pues esto es de la mayor importancia para lo que se trata, que Krishna y Arjuna son representados como montados sobre un mismo carro; este carro es el "vehículo" del ser considerado en su estado de manifestación; y, mientras que Arjuna combate, Krishna conduce el carro sin combatir, es decir, sin estar él mismo comprometido en la acción. En efecto, la batalla de la que se trata simboliza la acción, de una manera completamente general, bajo una forma apropiada a la naturaleza y a la función de los Chatrias (*Chatrias*), a los cuales el libro está más especialmente destinado[7]; el campo de batalla (*Kshêtra*)

---

[6] Remitimos sobre todo, para esto y para lo que seguirá, las consideraciones que hemos expuesto en *El hombre y su devenir según el Vedanta*.

[7] Es de resaltar que ese sentido es también, muy exactamente el de la

es el dominio de la acción, en el cual el individuo desarrolla sus posibilidades; y esta acción no afecta de ningún modo al ser principial, permanente e inmutable, sino que concierne solamente al "alma viviente" individual (*jivâtmâ*). Los dos que están montados sobre el mismo carro son por tanto la misma cosa que los dos pájaros de los que se habla en los Upanishads: "Dos pájaros, compañeros inseparablemente unidos, residen en un mismo árbol; uno come el fruto del árbol, el otro mira sin comer"[8]. Aquí también, con un simbolismo diferente para representar la acción, el primero de los dos pájaros es *jîvâtmâ*, y el segundo es *Atmâ* incondicionado; todavía se trata de lo mismo para el caso de los "dos que han entrado en la caverna", de los que se trata en otro texto[9]; y, si los dos están siempre estrechamente unidos, es que verdaderamente no son mas que uno desde el punto de vista de la realidad absoluta, pues *jîvâtmâ* no se distingue de *Atmâ* mas que en modo ilusorio.

Hay también, para expresar esta unión y precisamente en

---

concepción islámica de la "guerra santa" (*jihad*); la aplicación social y exterior no es aquí mas que secundaria, y lo que lo muestra bien, es que constituye solamente la "pequeña guerra santa" (*jihad seghir*), mientras que la "gran guerra santa" (*jihad kebir*) es de orden puramente interior y espiritual.

[8] *Mundaka Upani*shad, 3º Mundaka, 1º Khanda, shruti I; *Svetashvatara Upanishad*, 4º Adhyâya, shruti 6.

[9] *Katha Upanishad*, 1º Adhyâya, 3º Vallî, shruti I.- La "caverna" no es otra que la cavidad del corazón, que representa el lugar de unión de lo individual con los Universal, o del "yo" con el "Sí mismo".

relación directa con el *Atmâ-Gîtâ*, un término que es particularmente destacable: es el de *Naranârâyâna*. Se sabe que *Narayânâ*, "Aquel que marcha (o que es llevado) sobre las aguas", es un nombre de Vishnú aplicado por transposición a *Paramâtmâ* o al Principio supremo, como hemos visto anteriormente; las aguas representan aquí las posibilidades formales o individuales[10]. Por otra parte, *nara* o *nri* es el hombre, el ser individual en tanto que perteneciente a la especie humana; y hay que hacer notar la estrecha relación que existe entre esa palabra y la de *nâra* que designa las aguas[11]; esto nos llevaría, por lo demás, demasiado lejos de nuestro tema. Así, *Nara* y *Nârâyana* son respectivamente lo individual y lo Universal, el "yo" y el "Sí mismo" el estado manifestado de un ser y su principio no manifestado; están reunidos indisolublemente en el conjunto *Naranârâyâna*, del cual se habla a veces como de dos ascetas residiendo en el Himalaya, lo que recuerda más especialmente el último de los textos de los Upanishads que hemos mencionado en todo momento, texto en el cual los "dos que han entrado en la caverna" son designados al mismo tiempo como "permaneciendo sobre la más alta cumbre"[12]. Se dice también que, en ese mismo conjunto,

---

[10] En la tradición cristiana, la marcha de Cristo sobre las aguas tiene una significación que se relaciona exactamente con el mismo simbolismo.

[11] Quizás, entre los Griegos, el nombre de Nerea y de las Nereidas, ninfas de las aguas, no carece de relación con el sánscrito *Nâra*.

[12] Hay ahí una indicación de las relaciones simbólicas de la caverna y de la

Nara es Arjuna, y *Nârâyana* es Krishna; son los dos que están montados sobre el mismo carro, y son siempre, con un nombre o con otro, y cualesquiera que sean las formas simbólicas empleadas, *jîvâtmâ* y *Paramâtmâ*.

Tales indicaciones permitirán comprender cuál es el sentido interior del *Bhagavad Gîtâ*, sentido con relación al cual todos los otros no son a fin de cuentas mas que aplicaciones mas o menos contingentes. Ello es cierto especialmente del sentido social, en el cual las funciones de contemplación y de acción, relacionándose respectivamente con lo supraindividual y con lo individual, son consideradas como siendo la del *Brahmán* y la del Chatria[13]. Se dice que el *Brahmán* es el prototipo de los seres fijos o inmutables (*sthâvara*), y que el Chatria es el prototipo de los seres móviles o cambiantes (*jangama*) [14]; se puede ver sin dificultad la analogía que existe entre esas dos clases de seres de una parte y, de otro lado, la personalidad inmutable y la individualidad sometida al cambio; y esto establece inmediatamente el lazo entre este sentido y el precedente. Vemos, además, que allí mismo donde se trata especialmente del Chatria, éste, puesto que la acción es su

---

montaña, a las cuales hemos tenido ocasión de aludir en *El Rey del Mundo*.

[13] Ese punto de vista es el que hemos desarrollado sobre todo en *Autoridad espiritual y poder temporal*.

[14] El conjunto de los seres es designado a veces por el compuesto *sthâvarajangama*.

función propia, puede ser tomado para simbolizar la individualidad cualquiera que sea, que forzosamente está también comprometida en la acción por las condiciones mismas de su existencia, mientras que el *Brahmán*, en razón de su función de contemplación o de conocimiento puro, representa los estados superiores del ser[15]; y así se podría decir que todo ser tiene en Sí mismo el Brahmán y el Chatria, pero con predominio de una o de otra de las dos naturalezas, según que sus tendencias le lleven principalmente del lado de la contemplación o del lado de la acción. Se ve por ahí que el alcance de la enseñanza contenida en el Bhagavad Gita está lejos de limitarse a los Chatrias, entendidos en el sentido propio, bien que la forma bajo la cual esta enseñanza es expuesta les conviene muy particularmente; y si los Occidentales, entre los cuales la naturaleza del Chatria se encuentra mucho más frecuentemente que la del Brahmán volvieran a la comprensión de las ideas tradicionales, tal forma es sin duda la que les sería más inmediatamente accesible.

---

[15] Es por lo que el Brahmán es designado como un *Dêva* sobre la tierra, correspondiendo los *Dêvas* a los estados supraindividuales o informales, (aunque aún manifestados); esta designación, que es rigurosamente justa, parece no haber sido nunca comprendida por los Occidentales.

Capítulo II

EL ESPÍRITU DE LA INDIA[16]

La oposición entre Oriente y Occidente, conducida a sus términos más simples, es en el fondo idéntica a la que frecuentemente gusta establecer entre la contemplación y la acción. Nos hemos ya explicado sobre ello en muchas ocasiones, y hemos examinado los diferentes puntos de vista en que uno puede colocarse para considerar las relaciones de esos dos términos. ¿Son verdaderamente dos contrarios, o no serían mas bien dos complementarios, o bien no habría, en realidad, entre uno y otro una relación, no de coordinación sino de subordinación? No haremos pues aquí mas que resumir muy rápidamente tales consideraciones, indispensables para quien quiera comprender el Espíritu de Oriente en general y el de la India en particular.

El punto de vista que consiste en oponer pura y simplemente una a otra la contemplación y la acción es el

---

[16] Publicado en "*Le Monde Nouveau*", junio de 1930, y posteriormente en "*Études Traditionnelles*", noviembre de 1937.

más exterior y el más superficial de todos. La oposición existe en las apariencias, pero no puede ser absolutamente irreductible; por otra parte, se podría decir otro tanto para todos los contrarios, que cesan de ser tales desde que uno se eleva por encima de cierto nivel, aquel donde su oposición mantiene toda su realidad.

Quien dice oposición o contraste dice, por ello mismo, desarmonía o desequilibrio, es decir, algo que no puede existir mas que bajo un punto de vista particular y limitado; en el conjunto de las cosas, el equilibrio está hecho de la suma de todos los desequilibrios, y todos los desordenes parciales concurren de grado o por fuerza al orden total.

Considerando la contemplación y la acción como complementarias, nos emplazamos en un punto de vista ya más profundo y más verdadero que el precedente, porque la oposición se encuentra ya ahí conciliada y resuelta, sus dos términos equilibrándose en cierto modo el uno por el otro. Se trataría entonces de dos elementos igualmente necesarios que se completan y se apoyan mutuamente, y que constituyen la doble actividad, interior y exterior, de un solo y mismo ser, ya sea cada hombre tomado en particular o la humanidad considerada colectivamente. Esta concepción es sin duda más armoniosa y mas satisfactoria que la primera; sin embargo, si ella se mantuviera exclusivamente, se estaría tentado, en virtud de la correlación así establecida, de poner sobre el mismo plano la contemplación y la acción, de suerte que no habría mas que esforzarse por mantener tanto como fuera posible la balanza igual entre ellas, sin plantear nunca la cuestión de una superioridad cualquiera de una con relación a la otra. Ahora bien, de hecho, esta cuestión se ha planteado siempre, y, en lo que concierne a la antítesis de Oriente y de Occidente, podemos decir que consiste precisamente en que el Oriente mantiene la superioridad de la contemplación, en tanto que el Occidente, y especialmente el Occidente moderno, afirma por el contrario la superioridad de la acción sobre la contemplación. Aquí no se trata ya de puntos de vista de los cuales cada uno puede tener su razón de ser y ser aceptado al menos como la expresión de una verdad relativa; siendo irreversible una relación de subordinación, las dos concepciones son realmente contradictorias, luego excluyentes una de la otra, de suerte que forzosamente una es cierta y la otra es falsa. Hace falta pues escoger y quizás la necesidad de esta elección jamás se ha impuesto con tanta fuerza y urgencia como en las circunstancias actuales; quizás incluso se impondrá aún mas en un porvenir cercano.

En aquellas de nuestras obras a las cuales hemos hecho alusión anteriormente [17], hemos expuesto que la contemplación es superior a la acción como lo inmutable es superior al cambio. No siendo la acción mas que una modificación transitoria y momentánea del ser, no podría

---

[17] *Oriente y Occidente, La crisis del mundo moderno, Autoridad espiritual y poder temporal.* Ver www.omnia-veritas.com

tener en ella misma su principio y su razón suficiente; si no se enlaza con un principio que está más allá de su dominio contingente, no es mas que una pura ilusión; y ese principio del cual saca toda la realidad de la que es susceptible, y su existencia y su posibilidad misma, no puede encontrarse sino en la contemplación o, si se prefiere, en el conocimiento. Igualmente, el cambio, en su acepción mas general, es ininteligible y contradictorio, es decir imposible, sin un principio del cual procede y que, por la misma razón de ser su principio, no puede estarle sometido, pues es forzosamente inmutable; es por lo que, en la antigüedad occidental, Aristóteles había afirmado la necesidad del "motor inmóvil de todas las cosas". Es evidente que la acción pertenece al mundo del cambio, del "devenir"; sólo el conocimiento permite salir de este mundo y de las limitaciones que le son inherentes, y, cuando alcanza lo inmutable, posee él mismo la inmutabilidad, pues todo conocimiento es esencialmente identificación con su objeto. Ello es precisamente lo que ignoran los occidentales modernos que, del conocimiento, no consideran más que un conocimiento racional y discursivo, luego indirecto e imperfecto, lo que se podría denominar un conocimiento por reflejo, y que, cada vez mas, no aprecian incluso este conocimiento inferior sino en la medida en que puede servir directamente a fines prácticos; comprometidos en la acción hasta el punto de negar todo lo que la sobrepasa, no perciben que esta acción misma degenera así, por falta de principio, en una agitación tan vana como estéril.

En la organización social de la India, que no es más que una aplicación de la doctrina metafísica al orden humano, las relaciones del conocimiento y de la acción están representadas por las de las dos primeras castas, los Brahmanes y los *Chatrias*, de las cuales son respectivamente las funciones propias. Se dice que el Brahmán es el tipo de los seres estables, y que el *Chatria* es el tipo de los seres móviles o cambiantes; así, todos los seres de este mundo, siguiendo su naturaleza, están principalmente en relación el uno con el otro, pues hay ahí una perfecta correspondencia entre el orden cósmico y el orden humano. Esto no significa, entiéndase bien, que la acción esté prohibida al Brahmán ni el conocimiento al *Chatria*, sino que no les convienen en cierto modo mas que por accidente y no esencialmente; el *swadharma*, la ley propia de la casta, en conformidad con la naturaleza del ser que le pertenece, está en el conocimiento para el Brahmán, y en la acción para el *Chatria*. También el Brahmán es superior al *Chatria*, como el conocimiento es superior a la acción; en otros términos, la autoridad espiritual es superior al poder temporal, y es reconociendo ésta su subordinación frente a aquella cuando será legítima, es decir, cuando será verdaderamente lo que debe ser; de otra manera, separándose de su principio no podrá ejercerse mas que de una manera desordenada e irá fatalmente hacia su pérdida.

A los *Chatria*s pertenece normalmente todo el poder exterior, puesto que el dominio de la acción es el mundo exterior; pero este poder no es nada sin un principio interior, puramente espiritual, encarnado por la autoridad de los Brahmanes y en el cual encuentra su única garantía válida. A cambio de esta garantía, los *Chatrias* deben, con ayuda de la fuerza de la que disponen, asegurar a los Brahmanes el medio de cumplir en paz, al abrigo del trastorno y de la agitación, su propia función de conocimiento y de enseñanza; es lo que se representa bajo la figura de *Skanda*, el Señor de la guerra, protegiendo la meditación de *Ganêsha*, el Señor del conocimiento. Tales son las relaciones regulares de la autoridad espiritual y del poder temporal; y si fueran siempre y en todas partes observadas, ningún conflicto podría nunca levantarse entre uno y otra, ocupando cada uno el lugar que debe corresponderle en virtud de la jerarquía de las funciones y de los seres, jerarquía estrictamente conforme a la naturaleza de las cosas. Se ve que el sitio que se hace a los Chatrias, y por consiguiente a la acción, aún estando subordinado, está muy lejos de ser desdeñable, puesto que comprende todo el poder exterior, a la vez militar, administrativo y judicial, que se sintetiza en la función real. Los Brahmanes no tienen que ejercer más que una autoridad invisible, que, como tal, puede ser ignorada por el vulgo, pero que no deja de ser el principio de todo poder visible; esta autoridad es como el pivote alrededor del cual giran todas las cosas, el eje fijo alrededor del cual cumple el mundo su revolución, el centro inmutable que dirige y regula el movimiento cósmico sin participar en él; y esto es lo que representa el antiguo símbolo de la esvástica, que es, por esta razón, uno de los atributos de Ganêsha.

Conviene añadir que el sitio que debe hacerse a la acción será, en su aplicación, más o menos grande según las circunstancias; es así, en efecto, tanto de los pueblos como de los individuos, y, mientras que la naturaleza de algunos es sobre todo contemplativa, la de otros es sobre todo activa. Sin duda no hay ningún país donde la actitud para la contemplación esté tan extendida y tan generalmente desarrollada como en la India; por ello, ésta puede ser considerada como representando por excelencia el espíritu oriental. Por el contrario, entre los pueblos occidentales, es muy cierto que la actitud para la acción es la que predomina en la mayoría de la gente, y que incluso si esta tendencia no fuera exagerada y desviada como lo es actualmente, no dejaría de subsistir, de suerte que la contemplación no podría jamás ser más que asunto de una elite mucho más restringida. Eso bastaría sin embargo para que todo retorne al orden, pues la potencia espiritual, al contrario de la fuerza material, no está para nada basada sobre el número; pero, actualmente, los Occidentales no son verdaderamente mas que hombres sin casta, no ocupando ninguno de ellos el lugar y la función que convendría a su naturaleza; este mismo desorden se extiende rápidamente, no hay por qué disimularlo, y parece ganar hasta al Oriente, bien que no le afecte todavía más que de una manera muy superficial y mucho más limitada de lo que podrían imaginarse aquellos que, no conociendo sino a orientales más o menos occidentalizados, no se dan cuenta de la poca importancia que éstos tienen en realidad. No es menos cierto que hay ahí un peligro que, a pesar de todo, tiene el riesgo de agravarse, al menos transitoriamente; el "peligro occidental" no es una palabra vana, y el Occidente, que es él mismo su primera víctima, parece querer arrastrar a la humanidad entera en la ruina de la cual está amenazado por sus propias faltas.

Este peligro es el de la acción desordenada, por estar privada de su principio; tal acción no es en sí misma sino una pura nada, y no puede conducir más que a una catástrofe. Sin embargo, se dirá, si ello existe, es que este desorden mismo debe finalmente entrar de nuevo en el orden universal, del cual es un elemento tan propio como todo el resto; y, desde un punto de vista superior, esto es rigurosamente cierto. Todos los seres, lo sepan o no, lo quieran o no, dependen enteramente de su principio en todo lo que ellos son; la acción desordenada no es posible más que por el principio de toda acción, pero, puesto que ella es inconsciente de este principio, puesto que no reconoce la dependencia en la que está a su respecto, permanece sin regla y sin eficacia positiva, y, si así puede decirse, la acción no posee mas que el grado más inferior de realidad, aquel que está más próximo a la ilusión pura y simple, precisamente porque es el más alejado del principio, único en el cual está la realidad absoluta. Desde el punto de vista del principio, no hay sino el orden; pero, desde el punto de vista de las contingencias, el desorden existe, y, en lo que concierne a la humanidad terrestre, estamos en una época donde este desorden parece triunfar.

Podría preguntarse por qué es así, y la doctrina hindú, con la teoría de los ciclos cósmicos, proporciona una respuesta a esta cuestión. Estamos en el Kali Yuga, en la edad sombría donde la espiritualidad está reducida al mínimo, por las leyes mismas del desarrollo del ciclo humano, disponiendo una suerte de materialización progresiva a través de sus diversos períodos, de los cuales éste es el último; por ciclo humano, entendemos aquí únicamente la duración de un *Manvantara*. Hacia el fin de esta edad, todo está confundido, las castas están mezcladas, la familia misma no existe ya; ¿no es eso exactamente lo que vemos alrededor de nosotros? ¿hay que concluir de ello que el ciclo actual toca efectivamente a su fin, y que pronto veremos apuntar la aurora de un nuevo *Manvantara*? Se podría estar tentado de creerlo, sobre todo si se piensa en la velocidad creciente con la cual los acontecimientos se precipitan; pero quizás el desorden no ha alcanzado su punto más extremo, quizás la humanidad debe descender aún más bajo, en los excesos de una civilización totalmente material, antes de poder remontar hacia el principio y hacia las realidades espirituales y divinas. Poco importa por otra parte: ya sea un poco más pronto o un poco más tarde, ese desarrollo descendente que los occidentales modernos llaman "progreso" encontrará su límite, y entonces la "edad oscura" tendrá fin; entonces aparecerá el *Kalkin-avatâra*, aquel que está montado sobre el caballo blanco, que porta sobre su cabeza una triple diadema, símbolo de la soberanía en los tres mundos, y que ostenta en su mano una espada llameante como la estela de un cometa; entonces el mundo del desorden y del error será destruido, y, por la potencia purificadora y regeneradora de Agni, todas las cosas serán restablecidas y restauradas en la integridad de su estado primordial, el fin del ciclo presente siendo al mismo tiempo el comienzo del ciclo futuro. Los que saben que debe ser así no pueden, incluso en medio de la peor confusión, perder su inmutable serenidad; por enojoso que sea vivir en una época de trastornos y de oscuridad casi general, no pueden ellos ser afectados en el fondo de si mismos, y eso es lo que hace la fuerza de la elite verdadera. Sin duda, si la oscuridad debe aún ir extendiéndose cada vez más, esta elite podrá, incluso en Oriente, estar reducida a un número muy pequeño; pero basta que algunos guarden integralmente el verdadero conocimiento, para estar prestos, cuando los tiempos estén cumplidos, para salvar todo lo que todavía podrá ser salvado del mundo actual, y que devendrá el germen del mundo futuro.

Esa función de conservación del espíritu tradicional, con todo lo que implica en realidad cuando se entiende en su sentido más profundo, sólo el Oriente puede desempeñarla actualmente; no queremos decir el Oriente entero, puesto que desgraciadamente el desorden que viene de Occidente puede alcanzarlo en algunos de sus elementos; pero es en Oriente solamente donde subsiste todavía una verdadera elite donde el espíritu tradicional se encuentra en toda su vitalidad. Por otra parte, lo que resta se reduce a formas exteriores cuya significación está desde hace largo tiempo ya casi incomprendida y, si algo del Occidente puede ser salvado, eso no será posible más que con la ayuda del Oriente; pero aún hará falta que esta ayuda, para ser eficaz, encuentre un punto de apoyo en el mundo occidental, y esas son posibilidades sobre las cuales sería actualmente muy difícil aportar alguna precisión.

Como quiera que sea, la India tiene en cierto sentido, en el conjunto del Oriente, una situación privilegiada en el aspecto que nosotros consideramos, y la razón de ello es que, sin el espíritu tradicional, la India no sería ya nada. En efecto, la unidad hindú (no decimos india) no es una unidad de raza ni de lengua, es exclusivamente una unidad de tradición; son Hindúes todos los que se adhieren efectivamente a esta tradición, y ellos solamente. Esto explica lo que decíamos precedentemente de la actitud para la contemplación, más general en la India que en cualquier otra parte: la participación en la tradición, en efecto, no es plenamente efectiva más que en la medida en que indica la comprensión de la doctrina, y ésta consiste antes que nada en el conocimiento metafísico, puesto que es en el orden metafísico puro donde se encuentra el principio del cual deriva todo el resto. Por ello la India aparece como más particularmente destinada a mantener hasta el fin la supremacía de la contemplación sobre la acción, a oponer por su elite una barrera infranqueable a la invasión del espíritu occidental moderno, a conservar intacta, en medio de un mundo agitado por cambios incesantes, la consciencia de lo permanente, de lo inmutable y de lo eterno.

Debe quedar bien entendido, por otra parte, que lo que es inmutable es solamente el principio, y que las aplicaciones a las cuales da lugar en todos los dominios pueden y deben incluso variar según las circunstancias y según las épocas, pues, en tanto que el principio es absoluto, las aplicaciones son relativas y contingentes como el mundo con el cual se relacionan. La tradición permite adaptaciones indefinidamente múltiples y diversas en sus modalidades; pero todas esas adaptaciones, desde el momento en que se hacen rigurosamente según el espíritu tradicional, no son otra cosa que el desarrollo normal de algunas de las consecuencias que están eternamente contenidas en el principio; no se trata pues, en todos los casos, más que de tornar explícito lo que era hasta entonces implícito, y así el fondo, la sustancia misma de la doctrina, permanece siempre idéntica bajo todas las diferencias de las formas exteriores. Las aplicaciones pueden ser de muchos tipos; tales son especialmente, no sólo las instituciones sociales, a las cuales hemos hecho ya alusión, sino también las ciencias, cuando son verdaderamente lo que deben ser; y esto muestra la diferencia esencial que existe entre la concepción de esas ciencias tradicionales y la de ciencias tales como las que ha constituido el espíritu occidental moderno. Mientras que aquellas toman todo su valor de su relación con la doctrina metafísica, éstas, so pretexto de independencia, están estrechamente encerradas en sí mismas y no pueden pretender más que impulsarse siempre más lejos, pero sin salir de su dominio limitado ni hacer retroceder sus límites ni un paso, un análisis que podría proseguirse así indefinidamente, sin que se haya jamás avanzado en el verdadero conocimiento de las cosas. ¿Es por un oscuro sentimiento de esta impotencia que los modernos han llegado a preferir la investigación al saber, o es simplemente porque esta investigación interminable satisface su necesidad de una incesante agitación que quiere ser para sí misma su propio fin? ¿Qué podrían hacer los orientales con esas ciencias vanas que Occidente pretende aportarles, cuando poseen otras ciencias incomparablemente más reales y más vastas y cuando el menor esfuerzo de concentración intelectual les enseña mucho más que todas esas visiones fragmentarias y dispersas, ese amasijo caótico de hechos y de nociones que no están unidos más que por hipótesis más o menos imaginarias, penosamente edificadas para ser rápidamente reemplazadas por otras que no estarán mejor fundadas? y que no se exalten desmesuradamente, creyendo compensar así todos sus defectos, las aplicaciones industriales y técnicas a las cuales esas ciencias han dado nacimiento; nadie piensa en negar que tienen al menos esta utilidad práctica, si bien su valor especulativo es más bien ilusorio; pero esto es algo en lo cual el Oriente no podrá nunca interesarse verdaderamente, y estima demasiado poco esas ventajas totalmente materiales para poder sacrificarles su espíritu, porque sabe cual es la inmensa superioridad del punto de vista de la contemplación sobre el de la acción y que todas las cosas que pasan no son sino nada en relación a lo eterno.

La India verdadera, para nosotros, no es pues esa India más o menos modernizada, es decir occidentalizada, con la que sueñan algunos jóvenes educados en las universidades de Europa o de América, y que, por orgullosos que estén del saber totalmente exterior que han adquirido, no son sin embargo, desde el punto de vista oriental, más que perfectos ignorantes, constituyendo a pesar de sus pretensiones todo lo contrario de una elite intelectual en el sentido en que nosotros la entendemos.

La India verdadera es la que permanece siempre fiel a la enseñanza que su elite se transmite a través de los siglos, es la que conserva integralmente el depósito de una tradición cuya fuente se remonta anteriormente y más lejos que la humanidad; es la India de Manú y de los *Rishis*, la India de Shri Râma y de Shrî Krishna. Sabemos que no fue siempre la región que se designa hoy con ese nombre; sin duda incluso, desde la morada ártica primitiva de la que habla el Veda, ocupó sucesivamente muchas situaciones geográficas diferentes; quizás ocupará otras aún, pero poco importa, pues ella está siempre allá donde está la sede de esta gran tradición cuyo mantenimiento entre los hombres es su misión y su razón de ser. Por la cadena ininterrumpida de sus Sabios, de sus Gurús y de sus Yoguis, ella subsiste a través de todas las vicisitudes del mundo exterior, inquebrantable como el Meru; durará tanto como el *Sanâtana Dharma* (que se podría traducir por *Lex perennis*, tan exactamente como lo permite una lengua occidental), y nunca cesará de contemplar todas las cosas, por el ojo frontal de Shiva, en la serena inmutabilidad del eterno presente. Todos los esfuerzos hostiles se romperán finalmente contra la sola fuerza de la verdad, como las nubes se disipan ante el sol, incluso si han logrado oscurecerlo momentáneamente a nuestras miradas. La acción destructora del tiempo no deja subsistir más que lo que es superior al tiempo: ella devorará a todos los que han limitado su horizonte al mundo del cambio y colocado toda realidad en el devenir, a aquellos que han hecho una religión de lo contingente y de lo transitorio, pues "aquel que sacrifica a un Dios se convertirá en el alimento de ese Dios "; ¿pero, qué podría contra los que portan en sí mismos la conciencia de la eternidad?

Capítulo III

KUNDALINÎ-YOGA[18]

Se ha tratado ya aquí en diversas ocasiones de las obras de Arthur Avalon (Sir John Woodroffe), dedicadas a uno de los aspectos peor conocidos de las doctrinas hindúes; eso que se denomina el "Tantrismo", porque se basa sobre tratados designados con el nombre genérico de *tantras*, y que además es mucho más extenso y mucho menos delimitado de lo que se cree de ordinario, ha sido siempre, en efecto, casi enteramente dejado de lado por los orientalistas, que lo han descartado a la vez por la dificultad de comprenderlo y por ciertos prejuicios, no siendo éstos, por otra parte, más que la consecuencia directa de su incomprehensión. Una de las principales de tales obras, la que tiene por título *The Serpent Pouwer*, ha sido reeditada recientemente[19]; no nos proponemos hacer un

---

[18] Publicado originalmente en "Le Voile d'Isis", octubre y noviembre de 1933.

[19] *El Poder Serpentino*, 3ª edición revisada; Ganesh et Cie, Madrás. Este volumen comprende la traducción de dos textos: *Shatchakra nirupana* y *Paduka panchaka*, precedidos de una larga e importante introducción; nuestro estudio se relaciona con el contenido de esta última. (Trad. Española: Editorial Kier,

análisis de ella, lo que sería casi imposible y por otra parte poco interesante (más vale, para aquellos de nuestros lectores que saben inglés, informarse en el volumen mismo, del cual no daríamos nunca más que una idea incompleta), sino más bien precisar la verdadera significación de aquello de lo que se trata, sin restringirnos, además, a seguir el orden en el cual las cuestiones son allí expuestas[20]. Debemos decir primeramente, que no podemos estar enteramente de acuerdo con el autor sobre el sentido fundamental de la palabra *yoga*, que, siendo literalmente el de "unión", no podría comprenderse si no se aplicara esencialmente al fin supremo de toda "realización"; él objeta a ello que no puede tratarse de unión más que entre dos seres distintos, y que *Jivâtmâ* no es realmente distinto de *Paramâtmâ*. Esto es perfectamente exacto, pero, aunque el individuo no se distingue, en efecto, de lo Universal sino en modo ilusorio, no hay que olvidar que es del individuo de donde parte forzosamente toda "realización"(esta misma palabra de otra manera no tendría ninguna razón de ser), y que, desde de su punto de vista, esta representa la apariencia de una "unión", la cual, a decir verdad, no es algo que "deba ser efectuado", sino solamente una toma de conciencia de "lo

---

Buenos Aires).

[20] Sobre muchos puntos, no podemos hacer nada mejor que enviar a nuestra propia obra, *L'Homme et son devenir selon le Vedântâ*, para más amplias explicaciones que nos es imposible reproducir en el cuadro de un artículo, y que debemos, consecuentemente, suponer como ya conocidos. (Trad. Española: *El Hombre y su devenir según el Vedanta*, CS, Buenos Aires, 1988.

que es", es decir, de la "Identidad Suprema". Un término como el de *yoga* expresa pues el aspecto que toman las cosas vistas desde el lado de la manifestación misma, pero ocurre lo mismo, inevitablemente, con todas las formas del lenguaje, puesto que pertenecen al dominio de la manifestación individual, y basta estar advertido de ello para no ser inducido a error por su imperfección, ni tentado de ver ahí la expresión de un "dualismo" real. No es sino secundariamente y por extensión que esta misma palabra *yoga* puede ser seguidamente aplicada al conjunto de los diversos medios puestos en acción para alcanzar la "realización", medios que no son más que preparatorios y a los cuales la palabra "unión", de cualquier forma que se la entienda, no podría convenir propiamente; pero todo ello, por otra parte, no afecta en nada a la exposición de lo que se trata, ya que, desde el momento que la palabra *yoga* es precedida de un determinativo, de manera que se distingan en ella varios tipos, es bien evidente que es empleada para designar los medios, que son múltiples, mientras que el fin es necesariamente uno y el mismo en todos los casos.

El género de yoga del que aquí se trata se relaciona con lo que es denominado *laya-yoga*, y que consiste esencialmente en un proceso de "disolución" (*laya*), es decir, de reabsorción en lo no manifestado, de los diferentes elementos constitutivos de la manifestación individual, efectuándose esta reabsorción gradualmente según un orden que es rigurosamente inverso al de la producción (*srishti*) o del desarrollo (*prapancha*) de esta misma manifestación[21]. Los elementos o principios de que se trata son los *tattwas* que el *Sankhya* enumera como producción de *Prakriti* bajo la influencia de *Purusha*: el "sentido interno", es decir, lo "mental"(*manas*), junto a la consciencia individual (*ahankâra*), y por intermedio de éste, al intelecto (*Buddhi* o *Mahat*) ; los cinco *tanmatras* o esencias elementales sutiles; las cinco facultades *de* sensación (*jnânêndriyas*) y las cinco facultades de acción (*karmêndriyas*[22]) ; en fin, los cinco *bhûtas* o elementos

---

[21] Es lamentable que el autor emplee frecuentemente, y en particular para traducir *srishti*, la palabra "creación" que, como hemos explicado frecuentemente no conviene al punto de vista de la doctrina hindú; sabemos demasiado a cuantas dificultades da lugar la necesidad de servirse de una terminología occidental, tan inadecuada como es posible para lo que se trata de expresar; pero pensamos sin embargo que esta palabra es de las que se pueden evitar fácilmente, y de hecho, nunca la hemos empleado nosotros. Continuando con esta cuestión de terminología, señalemos también la impropiedad que hay en traducir *samadhi* por "éxtasis"; esta última palabra es tanto más fastidiosa cuanto que es empleada normalmente, en el lenguaje occidental, para designar estados místicos, es decir, algo que es de muy otro orden y con lo cual importa esencialmente evitar toda confusión: Por otra parte, significa etimológicamente "salir de sí mismo"(lo que conviene bien al caso de los estados místicos), mientras que lo que designa el término de *samâdhi* es, al contrario, un "retorno" del ser a su propio Sí.

[22] La palabra *indriya* designa a la vez una facultad y el órgano correspondiente, pero es preferible traducirla generalmente por "facultad", primero porque ello es conforme a su sentido primitivo, que es el de "poder", y también porque la consideración de la facultad es aquí más esencial que la del órgano corporal, en razón de la preeminencia de la manifestación sutil con relación a la manifestación grosera.

corporales [23]. Cada *bhûta*, con el *tanmatra* al cual corresponde y las facultades de sensación y de acción que proceden de éste, es reabsorbido en aquel que le precede inmediatamente según el orden de producción, de tal suerte que el orden de reabsorción es el siguiente: 1º la tierra (*prithvi*), con la cualidad olfativa (*gandha*), el sentido del olfato (*ghrana*) y la facultad de locomoción (*pâda*); 2º el agua (*ap*), con la cualidad sápida (*rasa*), el sentido del gusto (*rasana*) y la facultad de prensión (*pâni*); 3º el fuego (*têjas*), con la cualidad visual (*rûpa*), el sentido de la vista (*chaksus*) y la facultad de excreción (*pâyu*), 4º el aire (*vâyu*), con la cualidad táctil (*sparsha*), el sentido del tacto (*twach*) y la facultad de generación (*upastha*); 5º el éter (*âkâsha*) con la cualidad sonora (*shabda*), el sentido del oído (*shrotra*) y la facultad de la palabra (*vâch*); y, por fin, en el último estadio, todo es reabsorbido en el "sentido interno" (*manas*), encontrándose así toda la manifestación individual reconducida a su primer término, y como concentrada en un punto más allá del cual el ser pasa a otro dominio. Tales serán pues los tres grados preparatorios que deberá atravesar sucesivamente aquel que sigue esta vía de disolución, liberándose así gradualmente de todas las condiciones limitativas de la individualidad, antes de

---

[23] No comprendemos muy bien la objeción hecha por el autor al empleo, para designar los *bhûtas* de la palabra "elementos", que es el término tradicional de la física antigua; no hay que preocuparse del olvido en el cual esta acepción ha caído entre los modernos, a quienes, por otra parte, toda concepción propiamente cosmológica se les ha vuelto igualmente extraña.

alcanzar el estado supraindividual donde podrá realizarse, en la conciencia pura (*Chit*), *t*otal e informal, la unión efectiva con el Sí supremo (*Paramâtmâ*), unión de la que resulta inmediatamente la "Liberación" (*Moksha*).

Para comprender bien lo que sigue, es importante no perder de vista nunca la noción de la analogía constitutiva del "Macrocosmos" y del "Microcosmos", en virtud de la cual todo lo que existe en el Universo se encuentra también de cierta manera en el hombre, lo que el *Viswasâra Tantra* expresa en estos términos: "Lo que es aquí es allá, lo que no es aquí no es en ninguna parte" (*Yad ihâsti tad anyatra,yan nêhâstri na tat kwachit*). Hay que añadir que, en razón de la correspondencia que existe entre todos los estados de la existencia, cada uno de ellos contiene en cierto modo en sí mismo como un reflejo de todos los demás, lo que permite "situar" por ejemplo, en el dominio de la manifestación grosera, ya se considere, por otro lado, en el conjunto cósmico o en el cuerpo humano, unas "regiones" correspondientes a modalidades diversas de la manifestación sutil, e incluso a toda una jerarquía de "mundos" que representan otros tantos grados diferentes en la existencia universal.

Dicho esto, es fácil concebir que haya en el ser humano "centros" correspondientes a cada uno de los grupos de *tattwas* que hemos enumerado, y que esos centros, bien que pertenecientes a la forma sutil (*sûkshma-sharîra*), pudiesen en cierto sentido ser "localizados" en la forma corporal o grosera (*sthula-sharira*), o, por decirlo mejor, con relación a las diferentes partes de ésta, tales "localizaciones" no siendo en realidad más que una manera de expresar correspondencias tales como aquellas de las que acabamos de hablar, correspondencias que implican por otra parte muy realmente un lazo especial entre tal centro sutil y tal porción determinada del organismo corporal. Es así como los seis centros de los que se trata son relacionados con las divisiones de la columna vertebral, denominada *Mêrudanda* porque constituye el eje del cuerpo humano, lo mismo que, desde el punto de vista "macrocósmico", el *Mêru* es el "eje del mundo"[24]: los cinco primeros, en el sentido ascendente, corresponden respectivamente a las regiones coxígea, sacra, lumbar, dorsal y cervical, y la sexta a la parte encefálica del sistema nervioso central; pero debe comprenderse bien que no son centros nerviosos, en el sentido fisiológico de la palabra, y que no se debe de ningún modo asimilarlas a diversos plexos como algunos han pretendido (lo que está, por otra parte, en contradicción formal con su "localización) en el interior de la columna vertebral misma), pues no es de una identidad de lo que se trata, sino solamente de una relación entre dos órdenes distintos de manifestación, relación que está además suficientemente justificada por el hecho de que es

---

[24] Es bastante sorprendente que el autor no haya señalado la relación de éste con el simbolismo del bastón brahmánico (*Brahma-danda*) tanto más cuanto que hace alusión en varias ocasiones al simbolismo equivalente del caduceo.

precisamente por medio del sistema nervioso como se establece una de las relaciones más directas del estado corporal con el estado sutil[25].

Igualmente, los "canales" sutiles (*nâdis*) no son ni nervios ni vasos sanguíneos; son, se puede decir, "las líneas directrices que siguen las fuerzas vitales". De estos "canales", los tres principales son *sushumnâ*, que ocupa la posición central, *idâ* y *pingalâ*, los dos *nâdis* a izquierda y a derecha, el primero femenino o negativo, el segundo masculino o positivo, correspondiendo así estos dos últimos a una "polarización" de las corrientes vitales. *Sushumnâ* está "situado" en el interior del eje cerebro espinal, extendiéndose hasta el orificio que corresponde a la coronilla de la cabeza (*Brahma-randra*); *idâ y pingalâ* están en el exterior de este mismo eje, alrededor del cual se entrecruzan con una especie de doble enroscado helicoidal, para desembocar respectivamente en las dos narinas

---

[25] El autor destaca muy justamente cuan erróneas son las interpretaciones dadas ordinariamente por los Occidentales que, confundiendo los dos órdenes de manifestación, quieren conducirlo todo de nuevo a un punto de vista puramente anatómico y fisiológico: los orientalistas, ignorantes de toda ciencia tradicional, creen que no se trata más que de una descripción más o menos fantasiosa de ciertos órganos corporales, los ocultistas, por su lado, si admiten la existencia distinta del organismo sutil, se lo imaginan como una especie de "doble" del cuerpo, sometido a las mismas condiciones que éste, lo que no es apenas más exacto y no puede desembocar sino en representaciones groseramente materializadas, y, con relación a esto último, el autor muestra con algún detalle cómo las concepciones de los teosofistas, en particular, están alejadas de la verdadera doctrina hindú.

izquierda y derecha, estando así en relación con la respiración alterna de una a otra narina[26]. Es sobre el recorrido de *sushumnâ* e incluso más exactamente en su interior (pues es descrito como encerrando otros dos "canales" concéntricos y más tenues, denominados *vajrâ y chitrâ*)[27], donde están emplazados los "centros" de los que hemos hablado; y, como *sushumnâ* está él mismo "localizado" en el canal medular, es bien evidente que no puede de ningún modo tratarse aquí de órganos corporales cualesquiera.

Esos centros son denominados "ruedas"(*chakras*), y son descritos también como "lotos" (*padmas*) de los que cada uno tiene un número determinado de pétalos (irradiando en el intervalo comprendido entre *vajrâ y chitrâ*, es decir, en el interior del primero y alrededor del segundo. Los seis chakras son: *mûlâdhâra, en la base de la columna vertebral; swâdhistâna,* correspondiendo a la región abdominal,

---

[26] En el símbolo del caduceo, la varita central corresponde a *sushumnâ*, las dos serpientes a *idâ y pingalâ*: estas son también representadas a veces, sobre el bastón brahmánico, por el trazado de dos líneas helicoidales enrrollándose en sentido inverso una de otra, de manera que se cruzan en el nivel de cada uno de los nudos que figuran los diferentes centros. En las correspondencias cósmicas, *idâ* está relacionada con la Luna, *pingalâ* con el Sol, y *sushumnâ* con el principio ígneo, es interesante anotar la relación que esto presenta con las tres "Grandes Luces" del simbolismo masónico.

[27] Se dice aun que *sushumnâ* corresponde por su naturaleza al fuego, *vajrâ* al Sol, y *chitrâ* a la Luna, el interior de este último, que forma el conducto más central, es llamado *Brahma-nâdi*.

manipûra, a la región umbilical; *anâhata*, en la región del corazón; *vishuddha*, en la región de la garganta, *âjnâ*, a la región situada entre los dos ojos, es decir, al "tercer ojo", en fin, en la cima de la cabeza, alrededor del *Brahma-randhra*, hay un séptimo "loto", *sahasrâra* o el "loto de mil pétalos", que no se cuenta en el número de los chakras, porque, como veremos seguidamente, él se relaciona, en tanto que "centro de conciencia", con un estado que está más allá de los límites de la individualidad[28]. Según las descripciones dadas para la meditación (*dhyana*), cada loto porta en su pericarpio el *yantra* o símbolo geométrico del *bhûta* correspondiente, en el cual está el *bija-mantra* de éste soportado por su vehículo simbólico (*vâhana*); allá reside también una "deidad" (*dêvatâ*), acompañada de una *shakti* particular. Las "deidades" que presiden en los seis chakras, y que no son otra cosa que las "formas de conciencia" por las cuales pasa el ser a los estados correspondientes, son respectivamente, en el orden ascendente, *Brahmâ*, *Vishnú*, *Rudra*, *Isha*, *Sadâchiva*, y *Shambu*, que tienen, por otro lado, desde el punto de vista "macrocósmico", sus moradas en seis "mundos" (*lokas*) jerárquicamente superpuestos: *Bhûrloka*, *Bhuvarloka*, *Janaloka*, *Tapoloka*, y *Maharloka*; en *Sahashrara* preside *Paramashiva*, cuya morada es el

---

[28] Los siete nudos del bastón brahmánico simbolizan los siete "lotos", en el caduceo, por el contrario, parece que la bola terminal deba relacionarse solamente con *âjnâ* identificándose entonces las dos alas que la acompañan con los pétalos de ese "loto".

Satyaloka; así, todos estos mundos tienen su correspondencia en los "centros de conciencia" del ser humano, según el principio analógico que hemos indicado precedentemente. Por fin, cada uno de los pétalos de los diferentes "lotos" porta una de las letras del alfabeto sánscrito, o quizá sería más exacto decir que los pétalos son las letras mismas[29], pero sería poco útil entrar ahora en más detalles sobre el asunto, y los complementos necesarios al respecto encontrarán mejor acomodo en la segunda parte de nuestro estudio, una vez hayamos dicho lo que es *Kundalini*, de la que hasta aquí aún no hemos hablado.

Kundalini es un aspecto de la *Shakti* considerada como fuerza cósmica: es, podría decirse, esta fuerza misma en tanto que reside en el ser humano, en donde actúa como fuerza vital, y este nombre de Kundalini significa que está representada como enroscada sobre ella misma a la manera de una serpiente; sus manifestaciones más generales se efectúan, por otra parte, en la forma de un movimiento en espiral desarrollándose a partir de un punto central que es su "polo"[30]. El "enroscado" simboliza un estado de reposo, el

---

[29] Los números de pétalos son: 4 para *mûlâdhâra*, 6 para *swâdhistâna*, 10 para *manipûra*, 12 para *anâhata*, 16 para *vishuddha*, 2 para *âjnâ*, o sea, en total 50, que es también el número de las letras del alfabeto sánscrito, todas las letras se encuentran de nuevo en *sahasrâra*, estando allí repetida cada una de ellas 20 veces (50x20=1 000).

[30] Ver lo que hemos dicho al respecto de la espiral en *El Simbolismo de la Cruz*; recordemos también la figura de la serpiente enroscada alrededor del "Huevo

de una energía "estática" de la cual proceden todas las formas de actividad manifestada, en otros términos, todas las fuerzas vitales más o menos especializadas que están constantemente en acción en la individualidad humana, bajo su doble modalidad sutil y corporal, no son más que aspectos secundarios de esta misma *Shakti* que en sí misma, en tanto que Kundalini, permanece inmóvil en el "centro-raíz" (*mûlâdhâra*), como base y soporte de toda la manifestación individual. Cuando ella es "despertada", se desenrosca y se mueve siguiendo una dirección ascendente, reabsorbiendo en sí misma las diversas *Shaktis* secundarias a medida que atraviesa los diferentes centros de los que hemos hablado precedentemente, hasta que se une finalmente a *Paramashiva* en el "loto" de mil pétalos (*sahashrâra*).

La naturaleza de Kundalini es descrita como siendo a la vez luminosa (*jyotirmayî*) y sonora (*shabdamayî* o *mantramayî*), se sabe que la luminosidad es considerada como caracterizando propiamente al estado sutil, y se conoce, por otra parte, el papel primordial del sonido en el proceso cosmogónico, habría también mucho que decir, desde el mismo punto de vista cosmogónico, sobre la estrecha conexión que existe entre el sonido y la luz[31]. No

---

del Mundo" (*Brahmânda*), así como la del *omphalos*, del cual encontraremos precisamente su equivalente un poco más adelante.

[31] Sobre este punto, recordaremos solamente, a título de concordancia particularmente evidente, la identificación que se establece, al principio del

podemos extendernos aquí sobre la teoría muy compleja del sonido (*shabda*) y de sus diferentes modalidades (*parâ* o no manifestado, *pashyanti* y *madhyamâ*, pertenecientes ambas al orden sutil, y por fin *vaikharî* que es la palabra articulada), teoría sobre la cual reposa toda la ciencia del *mantra* (*mantra vidyâ*); pero señalaremos que por ella se explica, no solamente la presencia de los *bîja-mantras* de los elementos en el interior de los "lotos", sino también la de las letras sobre sus pétalos. Debe quedar bien entendido, en efecto, que no se trata aquí de las letras en tanto que caracteres escritos, ni incluso de los sonidos articulados que percibe el oído; sino que esas letras son consideradas como los *bîja-mantras* o "nombres naturales" de todas las actividades (*kriyâ*) en conexión con el *tattwa* del centro correspondiente, o como las expresiones en sonido grosero (*vaikharî-shabda*) de los sonidos sutiles producidos por las fuerzas que constituyen esas actividades.

Kundalini, en tanto que permanece en su estado de reposo, reside en el *mûlâdhâra chakra*, que es, como hemos dicho, el centro "localizado" en la base de la columna vertebral, y que es la raíz (*mûla*) de *sushumnâ* y de todos los *nâdis*. Allí está el triángulo (*trikona*) denominado *Traipura*[32], que es la sede de la *Shakti* (*Shaktipîtha*), ésta está

Evangelio de San Juan, entre los términos *Verbum*, *Lux et Vita*, precisando que para ser plenamente comprendida, debe ser relacionada con el mundo de *Hiranyagarbha*.

[32] El triángulo, como yantra de la *Shakti*, es siempre trazado con la base en lo

ahí enroscada tres veces y media[33] alrededor del *linga* simbólico de Shiva, designado como *Swayambu*, cubriendo con su cabeza el *Brahma-dwâra*, es decir hay la entrada de *Sushumnâ*[34]. Hay otros dos *lingas*, uno, *Bâna*, en el *anâhata chakra*, y el otro, *Itara*, en el *âjnâ chakra*; corresponden a los principales "nudos vitales"(*granthis*), cuya travesía constituye lo que podría denominarse los "puntos críticos" en el proceso de Kundalini-yoga[35]; hay, en fin, un cuarto,

---

alto y la cumbre hacia abajo; sería fácil mostrar la similitud con numerosos otros símbolos del principio femenino.

[33] Indicaremos de pasada una analogía entre esas tres vueltas y media del enroscado de Kundalini y los tres días y medio durante los cuales, según diversas tradiciones, el espíritu permanece aún ligado al cuerpo tras la muerte y que representa el tiempo necesario para "desanudar" la fuerza vital, que permanece en estado "no-despierto" en el caso del hombre ordinario. Un día es una revolución cíclica, correspondiente a una vuelta de la espiral; y, siendo siempre el proceso de reabsorción inverso del de la manifestación, este desenroscado es considerado como resumiendo en cierto modo la vida entera del individuo, pero retomada remontando el curso de los acontecimientos que la han constituido, apenas hay necesidad de añadir que esos datos mal comprendidos han engendrado demasiado frecuentemente todo tipo de interpretaciones fantasmagóricas.

[34] El mandala o yantra del elemento *Prithvi* es un cuadrado, correspondiente como figura plana al cubo, cuya forma simboliza las ideas de "fundamento" y de "estabilidad"; se podría decir, en el lenguaje de la tradición islámica, que la correspondencia está aquí en la "piedra negra", equivalente al *linga* hindú, y también al *omphalos* que es, como hemos expuesto en otra parte, uno de los símbolos del "centro del mundo".

[35] Estos tres *lingas* se relacionan también con las diferentes situaciones, según el estado de desarrollo del ser, del *luz* o "núcleo de inmortalidad", del que hemos hablado en *El Rey del Mundo*.

Para, en *sahasrâra*, residencia de *Paramashiva*.

Cuando Kundalini es "despertada" por prácticas apropiadas, en la descripción de las cuales no entraremos, penetra en el interior de *sushumnâ* y, en el curso de su ascensión, "horada" sucesivamente los diferentes "lotos", que se abren a su paso; y, a medida que Kundalini alcanza así cada centro, reabsorbe en ella, como ya hemos dicho, los diversos principios de la manifestación individual que están especialmente ligados a cada centro, y que, vueltos así de nuevo al estado potencial, son arrebatados con ella en su movimiento hacia el centro superior. Tales son otros tantos estadios del *laya-yoga*, a cada uno de estos estadios se refiere también la obtención de ciertos "poderes" (*siddhis*) particulares, pero es importante destacar que no es de ningún modo eso lo que constituye lo esencial, e incluso no se podría nunca insistir demasiado, pues la tendencia general de los Occidentales es atribuir a este tipo de cosas, como en general a todo lo que son "fenómenos", una importancia que no tienen y no pueden tener en realidad. Como lo resalta muy justamente el autor, el yogui (o, para hablar más exactamente, aquel que está en vías de serlo) no aspira a la posesión de ningún estado condicionado, aunque fuese un estado superior o "celeste", por elevado incluso que pudiese ser, sino únicamente a la "Liberación"; con mayor razón no puede él sujetarse a unos "poderes" cuyo ejercicio depende enteramente del dominio de la manifestación más exterior. Aquel que busca estos poderes por ellos mismos y que de ellos hace la finalidad de su desarrollo, en lugar de no ver ahí más que simples resultados accidentales, no será nunca un verdadero yogui, pues ellos constituirán obstáculos infranqueables impidiéndole proseguir la vía ascendente hasta su término último, toda su "realización" no consistirá pues jamás sino en ciertas extensiones de la individualidad humana; resultado cuyo valor es rigurosamente nulo con relación al fin supremo.

Normalmente, los "poderes de que se trata no deben ser considerados sino como signos que indican que el ser ha alcanzado efectivamente tal o cual estadio; es, si se quiere, un medio exterior de control, pero lo que importa realmente, en cualquier estadio que se esté, es cierto "estado de conciencia", representado, como hemos dicho, por una "deidad" (*dêvatâ*) a la cual el ser se identifica en ese grado de "realización"; y estos estados mismos no valen sino como preparación gradual para la "unión" suprema, que no tiene con ellos ninguna medida común, pues no podría haberla entre lo condicionado y lo incondicionado.

No retomaremos aquí la enumeración, que hemos ya dado en la primera parte de este estudio, de los centros correspondientes a los cinco *bhûtas* y de sus "localizaciones" respectivas[36]; ellos se relacionan con los diferentes grados de la manifestación corporal, y, en el paso del uno al otro, cada

---

[36] Es importante señalar que *anâhata*, relacionado con la región del corazón, debe distinguirse del "loto del corazón", de ocho pétalos, que es la residencia de *Purusha*: este último está "situado" en el corazón mismo, considerado como "centro vital" de la individualidad.

grupo de *tattwas* es "disuelto" en el grupo inmediatamente superior, siendo el más grosero siempre reabsorbido en el más sutil (*sthûlânâm sûkshmê layah*). En último lugar viene el *âjnâ chakra*, donde están los *tattwas* sutiles del orden "mental", y en el pericarpio del cual está el monosílabo sagrado *Om*, este centro es así denominado porque es allí donde se recibe de lo alto (es decir, del dominio supraindividual) el mandato (*âjnâ*) del Gurú interior, que es *Paramashiva*, al cual el "Sí mismo" es idéntico en realidad[37]. La "localización" de ese chakra está en relación directa con el "tercer ojo", que es el "ojo del Conocimiento" (*Jnâna-chaksus*); el centro cerebral correspondiente es la glándula pineal, que no es la "sede del alma", según la concepción verdaderamente absurda de Descartes, pero que no deja de tener una función verdaderamente importante como órgano de conexión con las modalidades extracorporales del ser humano. Como hemos explicado en otra parte, la función del "tercer ojo" se refiere al "sentido de la eternidad" y a la restauración del "estado primordial" (del que hemos también señalado en diversas ocasiones la

---

[37] Este mandamiento corresponde al "mandato celeste" de la tradición extremo-oriental; por otro lado, la denominación de *âjnâ chakra* podría ser traducida exactamente en árabe por *maqâm el-amr*, indicando que ahí está el reflejo directo, en el ser humano, del "mundo" llamado *âlam el-amr*, lo mismo que, desde el punto de vista "macrocósmico", ese reflejo se sitúa, en nuestro estado de existencia, en el lugar central del "Paraíso terrenal", se podría incluso deducir de ahí unas consideraciones precisas sobre la modalidad de las manifestaciones "angélicas" con relación al hombre, pero eso se saldría enteramente de nuestro tema.

relación con *Hamsa*, bajo la forma del cual *Paramashiva* se dice que se manifiesta en este centro, el estadio de "realización" correspondiente al *âjnâ chakra* implica pues la perfección del estado humano, y allá está el punto de contacto con los estados superiores, con los cuales se relaciona todo lo que está más allá de este estadio[38]. Por encima de *âjnâ* hay dos chakras secundarios denominados *manas* y *soma*[39]; y en el pericarpio mismo de *sahasrâra* hay aún un "loto" de doce pétalos, conteniendo el triángulo supremo *Kâmakalâ*, que es la morada de la *Shakti* [40]; *Shabdabrahma*, es decir, el estado "causal" y no manifestado del sonido (*shabda*), es representado por *Kâmakalâ*, que es la "raíz" (*mûla*) de todos los mantras, y que tiene su correspondencia inferior (pudiéndo ser considerada como su reflejo con relación a la manifestación grosera) en el

---

[38] La visión del "tercer ojo", por la cual el ser es liberado de la condición temporal (y que nada tiene en común con la "clarividencia" de los ocultistas y de los teosofistas), está íntimamente ligada a la función "profética"; es a lo que hace alusión la palabra sánscrita *rishi*, que significa propiamente "vidente", y que tiene su equivalente exacto en el hebreo *roèh*, designación antigua de los profetas, reemplazada posteriormente por la palabra *nabi* (es decir, "aquel que habla por inspiración"). Señalemos aún, sin poder en ello insistir más, que lo que indicamos en esta nota y en la precedente, está en relación con la interpretación esotérica de la *Sûrat El-Qadr*, concerniente al descenso del Corán.

[39] Estos dos chakras son representados como "lotos" de seis y dieciséis pétalos respectivamente.

[40] Una de las razones por las cuales la *Shakti* es simbolizada por el triángulo es la trplicidad de su manifestación como Voluntad (*Ichchâ*), Acción (*Kriyâ*) y Conocimiento(*Jnâna*).

triángulo *Traipura* de *mûlâdhâra*. No podemos ni pensar en entrar en el detalle de las descripciones muy complejas que se dan de esos diferentes centros para la meditación, y que se relacionan y que se relacionan en su mayor parte con el *mantra-vidyâ*, ni en la enumeración de las diversas *Shaktis* particulares que tienen sus "sedes" entre *âjnâ* y *sahashrâra*. En fin, *sahashrâra* es llamado *Sivasthâna*, porque es la residencia de *Paramashiva*, en unión con la suprema *Nirvâna Shakti*, la "Madre de los tres mundos"; es la "morada de beatitud", donde el "Sí-mismo" (*Atmâ*) es realizado. Aquel que conoce verdadera y plenamente *sahashrâra* es liberado de la "transmigración"(*samsâra*), pues él ha roto, por este conocimiento mismo, todos los lazos que le mantenían sujeto, y ha llegado desde entonces al estado de *jîvanmukta*.

Terminaremos con una observación, que creemos no se ha hecho todavía en ningún sitio, sobre la concordancia de los centros de los que aquí se ha tratado con las *Sephirot* de la Kábala, las cuales, en efecto, deben necesariamente tener, como todas las cosas, su correspondencia en el ser humano. Se podría objetar que las *Sephirot* son en número de diez, mientras que los seis chakras y *sahashrâra* no forman más que un total de siete; pero está objeción huelga si se observa que, en la disposición del "árbol sefirótico", hay tres parejas emplazadas simétricamente sobre las "columnas" de derecha y de izquierda, de suerte que el conjunto de las *Sephirot* se reparte en siete niveles diferentes solamente; considerando sus proyecciones sobre el eje central o "columna del medio", que corresponde a *sushumnâ* (las dos columnas laterales estando en relación con *idâ* y *pingalâ*), se encuentra pues reconducido al septenario[41].

Comenzando por arriba, no hay primeramente ninguna dificultad en lo que concierne a la asimilación de *sahashrâra*, "localizado" en la coronilla de la cabeza, a la *Sephirah* suprema, *Kether*, cuyo nombre significa precisamente la "Corona". A continuación viene el conjunto de *Hokmah* y *Binah*, que debe corresponder a *âjnâ*, y cuya dualidad podría incluso ser representada por los dos pétalos de ese "loto"; por otro lado, ambas tienen por "resultante" a *Daath*, es decir, el Conocimiento, y hemos visto que la "localización" de *âjnâ* se refiere también al "ojo del Conocimiento"[42]. La pareja siguiente, es decir *Hesed* y *Geburah*, puede, según un simbolismo muy general concerniente a los atributos de "Misericordia" y de "Justicia", ser puesta en el hombre en relación con los dos brazos[43];

---

[41] Se observará la similitud del simbolismo del "árbol sefirótico" con el del caduceo, según lo que hemos indicado precedentemente, por otra parte, loa diferentes "canales" que ligan a los *Sephirot* entre ellos no carecen de analogía con los *nâdis* (esto, bien entendido, en lo que concierne a la aplicación particular que puede hacerse al ser humano.

[42] La dualidad de *Hokmah* y *Binah* puede además ponerse en relación simbólica con los dos ojos derecho e izquierdo, correspondencia "microcósmica" del Sol y de la Luna.

[43] Ver lo que hemos dicho en el *Rey del Mundo*, del simbolismo de las dos manos, en relación precisamente con la *Shekina* (de la cual mencionaremos de

estas dos *Sephirot* emplazarán por lo tanto en los dos hombros, y por consiguiente en el nivel de la región gutural, correspondiendo así a *vishuddha*[44]; En cuanto a *Tiphereth*, su posición central se refiere manifiestamente al corazón, lo que entraña inmediatamente su correspondencia con *anâhata*. La pareja de *Netsah* y *Hod* se colocará en las caderas, puntos de sujeción de los miembros inferiores, como los de *Hesed* y *Geburah* en los hombros, son puntos de sujeción suoperiores; ahora bien, las caderas están en el nivel de la región umbilical, luego de *manipûra*. En fin, por lo que hace a los dos últimos *Sephirot*, parece que haya que considerarlos una inversión, pues *Iesod*, según la significación misma de su nombre, es el "fundamento", lo que responde exactamente a *mûlâdhâra*. Habría entonces que asimilar *Malkuth* a *swâdshthâna*, lo que la significación misma de los nombres parece además justificar, pues *Malkuth* es el "Reino", y *swadhishthâna* significa literalmente la "propia morada" de la *Shakti*.

No hemos hecho, a pesar de la longitud de esta exposición más que esbozar algunos aspectos de un tema

---

pasada la relación con la *Shakti* hindú) y el "árbol sefirótico".

[44] Es también en los dos hombros donde se mantienen los dos ángeles encargados de registrar respectivamente las acciones buenas y malas del hombre, y que representan igualmente los atributos divinos de "Misericordia" y de "Justicia". Anotemos aún, a este respecto, que se podría "situar" también de modo análogo en el ser humano la figura simbólica de la "balanza" de la que se habla en el *Siphra di-Tseniutha*.

que es verdaderamente inagotable, esperando solamente haber podido aportar así algunas aclaraciones útiles a los que quisieran llevar más lejos su estudio.

Capítulo IV

LA TEORÍA HINDÚ DE LOS CINCO ELEMENTOS[45]

Sabido es que en la doctrina hindú el punto de vista "cosmológico" está representado principalmente por el *Vaishêshika* y también, en otro aspecto, por el *Sânkhya*, pudiéndose caracterizar éste como "sintético" y aquél como "analítico". El nombre del *Vaishêshika* se deriva de *vishêsha* que significa "carácter distintivo" y, por consiguiente, "cosa individual"; designa pues, propiamente, la rama de la doctrina que se dedica al conocimiento de las cosas de un modo distintivo e individual. Este punto de vista es el que corresponde con mayor exactitud, con la reserva de las diferencias producidas necesariamente por los modos de pensamiento de ambos pueblos, a lo que los griegos llamaban, sobre todo en el período "presocrático", "filosofía física". Sin embargo, preferimos emplear el término "cosmología" para evitar todo equívoco y señalar mejor la

---

[45] Publicado originalmente en *"Voile d'Isis"*, agosto-septiembre de 1935. Traducido en: AA. VV., *La Tradición Hindú*, Olañeta, Palma de Mallorca, 1988.

diferencia profunda que existe entre aquello de que se trata y la física de los modernos; y, además, era así como de hecho la "cosmología" se entendía en la Edad Media occidental.

Al abarcar en su objeto lo que se refiere a las cosas sensibles o corporales, que son de orden eminentemente individual, el *Vaishêshika* se ha ocupado de la teoría de los elementos, que son los principios constitutivos de los cuerpos, con más detalle de lo que podían hacerlo las demás ramas de la doctrina; sin embargo, hay que observar que se tiene que recurrir a estas últimas, y sobre todo al *Sânkhya*, cuando se trata de averiguar cuáles son los principios más universales de los que proceden estos elementos. Estos son cinco en total, según la doctrina hindú; en sánscrito se llaman *bhûtas*, palabra derivada de la raíz verbal *bhû* que significa "ser", pero más particularmente en el sentido de "subsistir", es decir, que designa al ser manifestado considerándolo en su aspecto "substancial" (expresándose el aspecto "esencial" por la raíz *as*); por consiguiente, cierta idea de "devenir" se liga también a esta palabra, pues es del lado de la substancia donde se halla la raíz de todo "devenir", en oposición a la inmutabilidad de la "esencia"; y es en este sentido como *Prakriti* o la "Substancia universal" puede designarse propiamente como la "Naturaleza", palabra que, al igual que su equivalente griego *physis*, implica precisamente, ante todo por su derivación etimológica, esta idea misma de "devenir". Los elementos son considerados, pues, como determinaciones substanciales o, en otros términos, como modificaciones de

Prakriti; estas modificaciones no tienen, por otro lado, más que un carácter puramente accidental en relación con ésta, como la propia existencia corporal, como modalidad definida por cierto conjunto de condiciones determinadas, no es más que un simple accidente en relación con la Existencia universal considerada en su integridad.

Si ahora se considera en el ser la "esencia" en correlación con la "substancia", siendo estos dos aspectos complementarios uno de otro y correspondiendo a lo que podemos llamar los dos polos de la manifestación universal, lo que quiere decir que son las expresiones respectivas de *Purusha* y *Prakriti* en esta manifestación, será necesario que a estas determinaciones substanciales, que son los cinco elementos corporales, correspondan un número igual de determinaciones esenciales o de "esencias elementales" que sean, podría decirse, sus "arquetipos", sus principios ideales o "formales" en el sentido aristotélico de esta última palabra, y que pertenezcan, ya no al dominio corporal sino al de la manifestación sutil. El *Sânkhya* considera, en efecto, de este modo cinco esencias elementales que han recibido el nombre de *tanmátras*: este término significa literalmente una "medida" o una "asignación" que delimita el dominio propio de determinada cualidad o "quididad" en la Existencia universal. Es evidente que estos *tanmatras*, precisamente porque son de orden sutil, no son perceptibles en modo alguno por los sentidos como los elementos corporales y sus combinaciones; sólo son "concebibles" idealmente y no pueden recibir designaciones particulares más que por analogía con los diferentes órdenes de cualidades sensibles que les corresponden, puesto que es la cualidad la que es aquí la expresión contingente de la esencia. De hecho, se designan habitualmente por los propios nombres de estas cualidades: auditiva o sonora (*shabda*), tangible (*sparsha*), visible (*rûpa*, con el doble sentido de forma y color), sápida (*rasa*) y olfativa (*gandha*); pero decimos que estas designaciones no deben tomarse más que como analogías pues estas cualidades no pueden considerarse aquí, en cierto modo, más que en el estado principial y "no-desarrollado", puesto que, como vamos a ver, sólo por los *bhûtas* se manifestarán efectivamente en el orden sensible. La concepción de los *tanmâtras* es necesaria cuando se quiere relacionar la noción de los elementos con los principios de la Existencia universal, con los que tiene conexión también, además, pero esta vez en el aspecto "substancial", por otro orden de consideraciones de las que tendremos que hablar más adelante; pero, por el contrario, esta concepción no debe intervenir, evidentemente, cuando nos limitamos al estudio de las existencias individuales y las cualidades sensibles como tales, y por eso no se habla de ello en el *Vaishêshika* que, por propia definición, se coloca precisamente en este último punto de vista.

Recordaremos que los cinco elementos reconocidos por la doctrina hindú son los siguientes: *âkâsha*, el éter; *vâyu*, el aire; *têjas*, el fuego; *ap*, el agua; *prithvi*, la tierra. Este orden es el de su desarrollo o su diferenciación a partir del éter, que es el elemento primordial; siempre se enumeran en este orden en todos los textos del *Vêda* donde se mencionan, sobre todo en los pasajes de la *Chándogya-Upanishad* y la *Taittiriyaka-Upanishad* donde se describe su génesis; y su orden de reabsorción, o de retorno al estado indiferenciado, es naturalmente inverso a aquél. Por otro lado, a cada elemento le corresponde una cualidad sensible que es considerada como su cualidad propia, la que manifiesta esencialmente su naturaleza y por la que ésta nos es conocida; y la correspondencia que se establece así entre los cinco elementos y los cinco sentidos es la siguiente: al éter le corresponde el oído (*shrotra*); al aire, el tacto (*twach*); al fuego, la vista (*chakshu*); al agua, el gusto (*rasana*); y a la tierra, el olfato (*ghrâna*). El orden de desarrollo de los sentidos es también el de los elementos a los que están ligados y de los que dependen directamente; y este orden es, por supuesto, conforme a aquél en el que ya antes hemos enumerado las cualidades sensibles relacionándolas principalmente con los *tanmâtras*. Además, toda cualidad que es manifestada en un elemento, lo es igualmente en los siguientes, no ya como algo que les pertenece propiamente sino en cuanto procede de los elementos anteriores; en efecto, sería contradictorio suponer que el propio proceso de desarrollo de la manifestación, que se efectúa así gradualmente, pueda conducir, en un estadio ulterior, al retorno al estado no manifestado de lo que ya se ha desarrollado en estadios de menor diferenciación.

Antes de ir más lejos, podemos hacer notar ciertas diferencias importantes con las teorías de estos "filósofos físicos" griegos a los que aludíamos al principio, en lo que se refiere al número de los elementos y a su orden de derivación, así como a su correspondencia con las cualidades sensibles. En primer lugar, la mayoría de éstos no admitieron más que cuatro elementos, pues no reconocían el éter como a un elemento distinto; y en ello, hecho bastante curioso, están de acuerdo con los jamas y los budistas que se oponen en este punto, como en muchos otros, a la doctrina hindú ortodoxa. Sin embargo, hay que hacer algunas excepciones, sobre todo con Empédocles, que admitía los cinco elementos pero desarrollados en el siguiente orden: el éter, el fuego, la tierra, el agua y el aire, lo que parece difícilmente justificable; y también, según algunos[46], este filósofo no habría admitido tampoco más que cuatro elementos que son enumerados, entonces, en un orden diferente: la tierra, el agua, el aire y el fuego. Este último orden es exactamente el contrario del que se encuentra en Platón; por eso, quizás hay que ver en él, no ya el orden de producción de los elementos sino, por el contrario, el orden de reabsorción de unos en los otros. Según diversos testimonios, los órficos y los pitagóricos reconocían los cinco elementos, lo que es perfectamente normal dado el carácter propiamente tradicional de sus doctrinas; más tarde, además, Aristóteles los admitió también; pero, sea como sea, el papel del éter nunca ha sido tan importante ni ha estado tan claramente definido entre

---

[46] Struve, *De Elementis Empedoclis*.

los griegos, al menos en sus escuelas exotéricas, como entre los hindúes. A pesar de ciertos textos del *Fedón* o del *Timeo*, que son, sin duda, de inspiración pitagórica, Platón no considera generalmente más que cuatro elementos: para él, el fuego y la tierra son los elementos extremos, y el aire y el agua son los elementos medios, y este orden difiere del orden tradicional de los hindúes en que el aire y el fuego están aquí invertidos; cabe preguntarse si no hay ahí una confusión entre el orden de producción, si es que fue realmente así como el propio Platón quiso entenderlo, y, una repartición según lo que podrían llamarse grados de sutileza, que volveremos a encontrar, por lo demás, dentro de poco. Platón está de acuerdo con la doctrina hindú al atribuir la visibilidad al fuego como su cualidad propia, pero se aparta de ella al atribuir la tangibilidad a la tierra en vez de atribuirla al aire; además, parece bastante difícil encontrar en los griegos una correspondencia rigurosamente establecida entre los elementos y las cualidades sensibles; y se comprende sin dificultad que sea así pues, considerando solamente cuatro elementos, se debería advertir de inmediato una laguna en esta correspondencia, al ser el número cinco, por otro lado, admitido en todas partes de un modo uniforme en lo que se refiere a los sentidos.

En Aristóteles se encuentran consideraciones de un carácter completamente diferente, en las que se trata también de cualidades, pero que no son las cualidades sensibles propiamente dichas; estas consideraciones se basan, en efecto, en las combinaciones del calor y el frío, que son respectivamente principios de expansión y condensación, con lo seco y lo húmedo: el fuego es caliente y seco; el aire, caliente y húmedo; el agua, fría y húmeda; y la tierra, fría y seca. Las agrupaciones de estas cuatro cualidades, que se oponen dos a dos, no atañen más que a los cuatro elementos ordinarios, con exclusión del éter; esto se justifica, por lo demás, por la observación de que éste, como elemento primordial, debe contener en sí mismo los conjuntos de cualidades opuestas o complementarias, coexistiendo así en estado neutro en tanto en cuanto se equilibran allí perfectamente una por la otra, y previamente a su diferenciación, que puede considerarse como resultante, precisamente, de una ruptura de este equilibrio original. El éter debe, pues, representarse como situado en el punto en el que las oposiciones todavía no existen pero a partir del cual se producen, es decir: en el centro de la figura crucial cuyas ramas corresponden a los otros cuatro elementos; y esta representación es, efectivamente, la que adoptaron los hermetistas de la edad media, quienes reconocen expresamente el éter con el nombre de "quintaesencia (*quinta essentia*) lo que implica, además, una enumeración de los elementos en un orden ascendente o "regresivo", es decir, inverso al de su producción pues, de lo contrario, el éter sería el primer elemento y no el quinto; puede observarse, también, que se trata en realidad de una "substancia" y no de una "esencia" y, a este respecto, la expresión empleada muestra una confusión frecuente en la terminología latina medieval en la que esta distinción entre "esencia" y "substancia", en el sentido que hemos indicado, parece no haberse hecho nunca muy claramente, como no podemos dejar de ver con demasiada facilidad en la filosofía escolástica[47].

---

[47] En la figura emplazada encabezando el Tratado *De Arte Combinatoria* de Leibnitz y que refleja la concepción de los hermetistas, la "quintaesencia" es figurada, en el centro de la cruz de los elementos y de las cualidades), por una rosa de cinco pétalos, formando así el símbolo rosicruciano. La expresión *quinta essentia* puede también relacionarse con la "quíntuple naturaleza del éter" la cual debe entenderse, no de cinco "éteres" diferentes como han imaginado algunos modernos (lo que está en contradicción con la indiferenciación del elemento primordial), sino del éter considerado en sí mismo y como principio de los otros cuatro elementos; es esa además, la interpretación alquímica de esta rosa de cinco pétalos de la que acabamos de hablar.

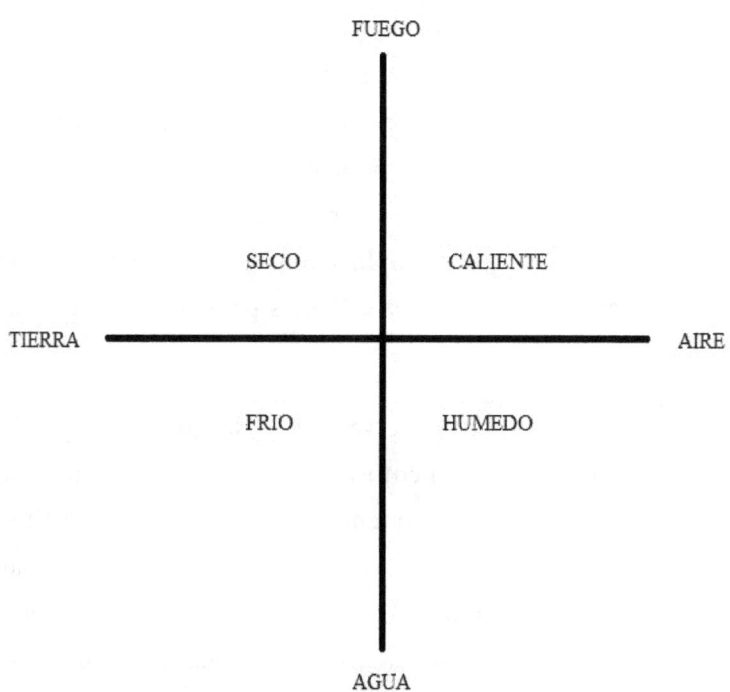

Por otro lado, mientras estamos con estas comparaciones, debemos todavía poner en guardia contra una falsa asimilación a la que a veces da lugar la doctrina china, en la que se encuentra, en efecto, algo que se designa también de ordinario como los "cinco elementos"; éstos son enumerados así: agua, madera, fuego, tierra y metal, considerándose este orden, en este caso también, como el de su producción. Lo que puede engañar es que el número es el mismo por una y otra parte y que, de cinco términos, tres llevan denominaciones equivalentes; pero ¿a qué podrían corresponder los otros dos y cómo hacer coincidir el orden indicado aquí con el de la doctrina hindú?[48]. La verdad es que, a pesar de las aparentes similitudes, se trata aquí de un punto de vista enteramente diferente que estaría, por lo demás, fuera de lugar examinar aquí; y, para evitar cualquier confusión, sería, ciertamente, mucho mejor traducir el término chino *hing* por otra palabra que no fuera "elementos", por ejemplo, como se ha propuesto[49], por la de "agentes", que a la vez está más próxima a su significación real.

Hechas estas observaciones, si queremos precisar la noción de los elementos, tenemos ahora que desechar, en primer lugar, pero sin tener por lo demás que insistir en ello muy detenidamente, varias opiniones erróneas bastante difundidas comúnmente sobre este tema en nuestra época. En primer lugar, apenas hace falta decir que si los elementos son los principios constitutivos de los cuerpos, es en un sentido completamente distinto del sentido en el que los químicos consideran la constitución de estos cuerpos cuando los contemplan como resultado de la combinación de ciertos "cuerpos simples" o supuestamente tales; por un lado, la multiplicidad de los cuerpos llamados simples se opone manifiestamente a esta asimilación y, por otro, no

---

[48] Estos "cinco elementos" se disponen también según una figura crucial formada por la doble oposición del agua y del fuego, de la madera y del metal pero el centro es ocupado por la tierra.

[49] Marcel Granet, *La Pensée chinoise*.

está en absoluto probado que haya cuerpos verdaderamente simples, al darse solamente este nombre, de hecho, a lo que los químicos no saben descomponer. En todo caso, los elementos no son cuerpos, ni siquiera simples, sino verdaderamente los principios substanciales a partir de los cuales se forman los cuerpos; no hay que dejarse engañar por el hecho de que se designen analógicamente con nombres que pueden ser a la vez los de ciertos cuerpos, a los que no son en modo alguno idénticos por ello; y todo cuerpo, sea el que sea, procede en realidad del conjunto de los cinco elementos aunque pueda haber en su naturaleza cierto predominio de uno u otro.

Más recientemente, se ha querido también asimilar los elementos a los diferentes estados físicos de la materia tal como la entienden los físicos modernos, es decir, en suma, a los diferentes grados de condensación que se producen a partir del éter primordial homogéneo, que llena toda la extensión, uniendo de este modo entre sí todas las partes del mundo corporal. Desde este punto de vista, yendo de lo más denso a lo más sutil, es decir, en un orden inverso al que se admite para su diferenciación, se hace corresponder la tierra al estado sólido, el agua al estado líquido, el aire al estado gaseoso y el fuego a un estado todavía más rarificado, bastante parecido a lo que algunos físicos han llamado el "estado radiante" y que debería entonces distinguirse del estado etérico. Se encuentra aquí esta preocupación vana, tan común en nuestros días, de conciliar las ideas tradicionales con las concepciones científicas profanas; ni que decir tiene, por lo demás, que tal punto de vista puede encerrar alguna parte de verdad, en el sentido de que pueda admitirse que cada uno de estos estados físicos tiene ciertas relaciones más particulares con un elemento determinado; pero eso no es más, a lo sumo, que una correspondencia y no una asimilación que sería, por lo demás, incompatible con la coexistencia constante de todos los elementos en un cuerpo cualquiera, en cualquier estado en que se presente; y sería todavía menos legítimo, de querer ir más lejos, pretender identificar los elementos con las cualidades sensibles que, desde otro punto de vista, se relacionan con ellos mucho más directamente. Por otro lado, el orden de condensación creciente que se establece así entre los elementos es el mismo que el que hemos encontrado en Platón: emplaza el fuego antes del aire e inmediatamente después del éter, como si fuera el primer elemento que se diferencia en el seno de este medio cósmico original; no es, pues, de este modo como se puede encontrar la justificación del orden tradicional afirmado por la doctrina hindú. Además, siempre hay que tener muchísimo cuidado de evitar limitarse exclusivamente a un punto de vista demasiado sistemático, es decir, demasiado estrechamente limitado y particularizado; y, seguramente, sería comprender mal la teoría de Aristóteles y los hermetistas que hemos indicado, el intentar, con el pretexto de que hace intervenir principios de expansión y condensación, interpretarla en pro de una identificación de los elementos con los diversos estados físicos de los que se acaba de tratar.

Si se quiere buscar necesariamente un punto de comparación con las teorías físicas, en la acepción actual de esta palabra, sería sin duda más acertado considerar los elementos refiriéndose a su correspondencia con las cualidades sensibles, como si representaran diferentes modalidades vibratorias de la materia, modalidades bajo las que se hace perceptible sucesivamente a cada uno de nuestros sentidos; y, por otra parte, cuando decimos sucesivamente, debe quedar claro que no se trata en ello más que de una sucesión puramente lógica[50]. Sólo que, cuando se habla así de las modalidades vibratorias de la materia, así como cuando se trata de sus estados físicos, hay un punto con el que hay que tener cuidado: es que, al menos entre los hindúes (e incluso también entre los griegos en cierto modo), no se encuentra la noción de materia en el sentido de los físicos modernos; la prueba está en que, como ya lo hemos hecho observar en otra parte, no existe en sánscrito ninguna palabra que pueda traducirse por "materia", ni siquiera aproximadamente. Si está permitido, pues, servirse a veces de esta noción de materia para interpretar las concepciones de los antiguos, para hacerse comprender más fácilmente, siempre debe hacerse, sin embargo, con ciertas precauciones; pero es posible considerar estados vibratorios,

---

[50] Es evidente que no se puede ni soñar en modo alguno en realizar, suponiendo una sucesión cronológica en el ejercicio de los diferentes sentidos, una concepción del tipo de la estatua ideal que ha imaginado Condillac en su demasiado famoso *Tratado de las sensaciones*.

por ejemplo, sin recurrir necesariamente a las propiedades especiales que los modernos atribuyen esencialmente a la materia. A pesar de eso, tal concepción nos parece todavía más propia para indicar analógicamente lo que son los elementos, por medio de una imagen, que para definirlos verdaderamente; y quizás eso sea en el fondo todo lo que es posible hacer en el lenguaje que tenemos actualmente a nuestra disposición, como consecuencia del olvido en el que han caído las ideas tradicionales en el mundo occidental.

Sin embargo, añadiremos todavía esto: las cualidades sensibles expresan, en relación con nuestra individualidad humana, las condiciones que caracterizan y determinan la existencia corporal como modo particular de la Existencia universal, puesto que es por estas cualidades como conocemos los cuerpos, con exclusión de cualquier otra cosa; podemos ver, pues, en los elementos la expresión de estas mismas condiciones de la existencia corporal, ya no desde el punto de vista humano sino desde el punto de vista cósmico. No nos es posible dar aquí a esta cuestión las explicaciones que implicaría; pero al menos con eso puede comprenderse inmediatamente cómo las cualidades sensibles proceden de los elementos como traducción o reflexión "microcósmica" de las realidades "macrocósmicas" correspondientes. Se comprende también que los cuerpos, al estar propiamente definidos por el conjunto de las condiciones de que se trata, se constituyan por eso mismo como tales por los elementos en los que ellas se "substancializan"; y esa es, parece, la noción más exacta, a la vez que la más general, que pueda darse de estos mismos elementos.

Pasaremos, después de esto, a otras consideraciones que mostrarán todavía mejor cómo la concepción de los elementos se relaciona, no sólo con las condiciones especiales de la existencia corporal sino también con unas condiciones de existencia de un orden más universal y, más precisamente, con las propias condiciones de toda manifestación. Sabida es la importancia que la doctrina hindú concede a la teoría de los tres *gunas*: este término designa cualidades o atribuciones constitutivas y primordiales de los seres considerados en sus diferentes estados de manifestación y que provienen del principio "substancial" de su existencia pues, desde el punto de vista universal, son inherentes a *Prakriti*, en la cual están en perfecto equilibrio en la "indistinción" de la pura potencialidad indiferenciada. Toda manifestación o modificación de la "substancia" representa una ruptura de este equilibrio; los seres manifestados participan, pues, de los tres *gunas* en diversos grados, y no son estados sino condiciones generales a las que están sometidos en cualquier estado, por las que están unidas de algún modo, y que determinan la tendencia actual de su "devenir". No tenemos que entrar aquí en una exposición completa en lo que se refiere a los *gunas* sino solamente considerar su aplicación en la distinción de los elementos; ni siquiera volveremos a repetir la definición de cada *guna*, que ya hemos dado en varias ocasiones; recordaremos solamente, pues eso es lo que sobre todo es importante aquí, que *sattwa* se representa como una tendencia ascendente, *tamas* como una tendencia descendente y *rajas*, que es intermedia entre las dos, como una expansión en sentido horizontal.

Los tres *gunas* deben encontrarse en cada uno de los elementos, como en todo lo que pertenece al dominio de la manifestación universal; pero se encuentran en ellos en proporciones diferentes, estableciendo entre estos elementos una especie de jerarquía que puede considerarse análoga a la jerarquía que, desde otro punto de vista incomparablemente más amplio, se establece igualmente entre los múltiples estados de la Existencia universal aunque no se trate aquí más que de simples modalidades comprendidas en el interior de un mismo estado. En el agua y la tierra, pero sobre todo en la tierra, es *tamas* el que predomina; físicamente, a esta fuerza descendente y compresiva le corresponde la gravitación o la gravedad. *Rajas* predomina en el aire; por eso este elemento se considera dotado esencialmente de un movimiento transversal. En el fuego es *sattwa* el que predomina, pues el fuego es el elemento luminoso; la fuerza ascendente es simbolizada por la tendencia de la llama a elevarse y se traduce físicamente por el poder dilatador del calor, en cuanto se opone este poder a la condensación de los cuerpos.

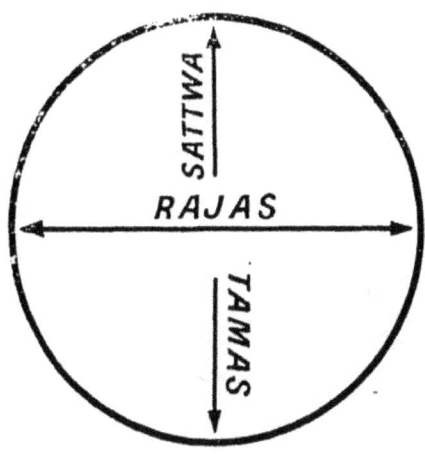

Para dar una interpretación más precisa de esto, podemos representar la distinción de los elementos como si se efectuara en el interior de una esfera: en ella, las dos tendencias ascendente y descendente, de las que hemos hablado, se ejercerán según las dos direcciones opuestas tomadas sobre el mismo eje vertical, en sentido contrario una de la otra y yendo respectivamente hacia los dos polos; en cuanto a la expansión en sentido horizontal, que marca un equilibrio entre estas dos tendencias, se realizará naturalmente en el plano perpendicular en medio de este eje vertical, es decir, el plano del ecuador. Si consideramos ahora a los elementos como repartidos en esta esfera según las tendencias que predominan en ellos, la tierra, en virtud de la tendencia descendente de la gravitación, debe ocupar el punto más bajo, que se considera como la región de la oscuridad y que es a la vez el fondo de las aguas, mientras que el ecuador marca su superficie según un simbolismo que es, por otro lado, común a todas las doctrinas cosmogónicas cualquiera que sea la forma tradicional a la que pertenezcan. El agua ocupa, pues, el hemisferio inferior y, si la tendencia descendente se afirma también en la naturaleza de este elemento, no puede decirse que su acción se ejerza en ella de una manera exclusiva (o casi exclusiva pues la coexistencia necesaria de los tres *gunas* en todas las cosas impide que se alcance nunca, efectivamente, el límite extremo en cualquier modo de manifestación), pues, si consideramos un punto cualquiera del hemisferio inferior que no sea el polo, el radio que corresponde a este punto tiene una dirección oblicua, intermedia entre la vertical descendente y la horizontal. Puede, pues, considerarse la tendencia que está marcada por tal dirección como si se descompusiera en otras dos de las que es la resultante y que serán, respectivamente, la acción de *tamas* y la de *rajas*; sí relacionamos estas dos acciones con las cualidades del agua, la componente vertical, con arreglo a *tamas*, corresponderá a la densidad y la componente horizontal, con arreglo a *rajas*, a la fluidez. El ecuador marca la región intermedia, que es la del aire, elemento neutro que mantiene el equilibrio entre las dos tendencias opuestas, como *rajas* entre *tamas* y *sattwa*, en el punto en el que estas dos tendencias se neutralizan una con otra y que, extendiéndose transversalmente sobre la superficie de las aguas, separa y delimita las zonas respectivas del agua y el fuego. En efecto, el hemisferio superior está ocupado por el fuego en el que predomina la acción de *sattwa*, pero en el que la de *rajas* todavía se ejerce, pues la tendencia en cada punto de este hemisferio, indicada como anteriormente para el hemisferio inferior, es intermedia esta vez entre la horizontal y la vertical ascendente: la componente horizontal, con arreglo a *rajas*) corresponderá aquí al calor, y la componente vertical, con arreglo a *sattwa*, a la luz, considerándose calor y luz como dos términos complementarios que se unen en la naturaleza del elemento ígneo.

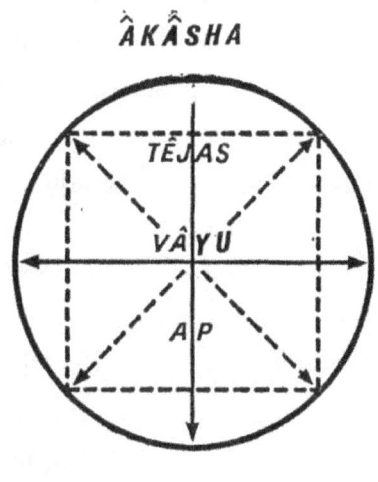

PRITHVÎVÂYU

En todo esto todavía no hemos hablado del éter: como es el más elevado y el más sutil de todos los elementos, debemos colocarlo en el punto más alto, es decir, en el polo superior, que es la región de la luz pura, por oposición al polo inferior que es, como hemos dicho, la región de la obscuridad. Así pues, el éter domina la esfera de los demás elementos; pero, al mismo tiempo, hay que considerarlo envolviendo y penetrando todos estos elementos, de los que es el principio, y eso en razón del estado de indiferenciación que le caracteriza y que le permite realizar una verdadera "omnipresencia" en el mundo corporal; como dice Shankarâchârya en el *Atmâ-Bodha*, "el éter está esparcido por todas partes y penetra a la vez el exterior y el interior de las cosas". Podemos decir, pues, que entre los elementos, sólo el éter alcanza el punto en el que la acción de *sattwa* se ejerce en el más alto grado; pero no podemos localizarlo allí de forma exclusiva, como hemos hecho con la tierra en el punto opuesto, y debemos considerar que ocupa a la vez la totalidad del dominio elemental, sea cual sea, por otro lado, la representación geométrica que se utilice para simbolizar el conjunto de este dominio. Si hemos adoptado la representación por medio de una figura esférica, no es sólo porque es la que permite la interpretación más clara y más fácil, sino que es también, e incluso ante todo, porque concuerda más que cualquier otra con los principios generales del simbolismo cosmogónico, tal como pueden encontrarse en todas las tradiciones; a este respecto, habría comparaciones muy interesantes que establecer, pero no podemos entrar aquí en esos detalles que se apartarían demasiado del tema del presente estudio.

Antes de dejar esta parte de nuestra exposición, nos queda todavía una última observación que hacer: si tomamos los elementos en el orden en el que los hemos repartido en la esfera, yendo de arriba a abajo, es decir, del más sutil al más denso, encontraremos, precisamente, el orden indicado por Platón; pero aquí este orden, al que podemos llamar jerárquico, no se confunde con el orden de producción de los elementos y debe ser cuidadosamente distinguido de éste. En efecto, el aire ocupa en él una posición intermedia entre el fuego y el agua pero no deja por ello de ser producido antes del fuego y, a decir verdad, la razón de estas dos situaciones diferentes es, en el fondo, la misma: es que el aire es un elemento neutro, en cierto modo, y que, por eso mismo, corresponde a un estado de menor diferenciación que el fuego y el agua porque ambas tendencias, ascendente y descendente, se equilibran también perfectamente una con otra. Por el contrario, este equilibrio se rompe en el fuego en beneficio de la tendencia ascendente, y en el agua en beneficio de la tendencia descendente; y la oposición manifestada entre las cualidades respectivas de estos dos elementos señala claramente el estado de mayor diferenciación al que corresponden. Si nos colocamos en el punto de vista de la producción de los elementos, hay que considerar su diferenciación como si se efectuara a partir del centro de la esfera, punto primordial en el que colocamos entonces al éter, en tanto en cuanto es el principio de éstos. De ahí tendremos, en primer lugar, la expansión horizontal, que corresponde al aire; después, la manifestación de la tendencia ascendente, que corresponde al fuego; y la de la tendencia descendente que corresponde en primer lugar al agua y luego a la tierra, punto de detención y término final de toda la diferenciación elemental.

Debemos entrar ahora en algunos detalles sobre las

propiedades de cada uno de los cinco elementos y, en primer lugar, establecer que el primero de ellos, *âkâsha* o el éter, es verdaderamente un elemento real y distinto de los demás. En efecto, como ya hemos señalado más arriba, algunos, sobre todo los budistas, no lo reconocen como tal y, con el pretexto de que es *nirûpa*, es decir, "sin forma", en razón de su homogeneidad, lo consideran como una "no-entidad" y lo identifican con el vacío, pues, para ellos, lo homogéneo no puede ser más que un puro vacío. La teoría del "vacío universal" (*sarva-shûnya*) se presenta aquí, por otro lado, como una consecuencia directa y lógica del atomismo pues, si en el mundo corporal sólo los átomos tienen una existencia positiva y si estos átomos deben moverse para unírse unos con otros y formar de este modo todos los cuerpos, este movimiento sólo podrá efectuarse en el vacío. Sin embargo, esta consecuencia no es aceptada por la escuela de Kanâda, representativa del *Vaishêshika*, pero heterodoxa precisamente por cuanto admite el atomismo con el que este punto de vista "cosmológico" no es, por supuesto, en modo alguno solidario en sí mismo; inversamente, los "filósofos físicos" griegos, que no cuentan al éter entre los elementos, están todos lejos de ser atomistas y por lo demás, parecen más bien ignorarlo que rechazarlo expresamente. Sea como fuere, la opinión de los budistas se rechaza fácilmente haciendo notar que no puede haber espacio vacío, al ser contradictoria tal concepción: en todo el dominio de la manifestación universal, de la que forma parte el espacio, no puede haber vacío porque el vacío, que no puede concebirse más que negativamente, no es una posibilidad de manifestación; además, esta concepción de un espacio vacío sería la de un continente sin contenido, lo que, evidentemente, carece de sentido. El éter es pues lo que ocupa todo el espacio pero no se confunde por ello con el propio espacio pues éste, al no ser más que un continente, es decir, en suma, una condición de existencia y no una entidad independiente, no puede, como tal, ser el principio substancial de los cuerpos ni dar origen a los demás elementos; el éter no es, pues, el espacio sino el contenido del espacio considerado previamente a toda diferenciación. En este estado de indiferenciación primordial, que es como una imagen de la "indistinción" de *Prakriti* respecto a este dominio especial de manifestación que es el mundo corporal, el éter encierra ya en potencia, no sólo todos los elementos sino también todos los cuerpos, y su propia homogeneidad le hace apto para recibir todas las formas en sus modificaciones. Al ser el principio de las cosas corporales, posee la cantidad, que es un atributo fundamental común a todos los cuerpos; además, es considerado como esencialmente simple, siempre en razón de su homogeneidad, y como impenetrable porque es él el que lo penetra todo.

Establecida de este modo, la existencia del éter se presenta de un modo muy distinto de una simple hipótesis y ello demuestra bien la diferencia profunda que separa la doctrina tradicional de todas las teorías científicas modernas. Sin embargo, es oportuno considerar todavía otra objeción: el éter es un elemento real pero eso no basta para probar que sea un elemento distinto; en otros términos, podría ocurrir que el elemento que está esparcido por todo el espacio corporal (queremos decir con ello el espacio capaz de contener cuerpos) no sea otro que el aire y entonces es éste el que sería en realidad el elemento primordial. La respuesta a esta objeción es que cada uno de nuestros sentidos nos hace conocer, como su objeto propio, una cualidad distinta de aquellas que son conocidas por los demás sentidos; ahora bien, una cualidad no puede existir más que en algo a lo que se refiera como un atributo se refiere a su sujeto y, como cada cualidad sensible es así atribuida a un elemento del que es la propiedad característica, es absolutamente necesario que a los cinco sentidos les correspondan cinco elementos distintos.

La cualidad sensible que se relaciona con el éter es el sonido; eso requiere algunas explicaciones que se comprenderán fácilmente si se considera el modo de producción del sonido por el movimiento vibratorio, lo que dista mucho de ser un descubrimiento reciente como algunos podrían creer: Kanâda declara expresamente que "el sonido se propaga por ondulaciones, ola tras ola u onda tras onda, irradiando en todas direcciones a partir de un Centro determinado". Tal movimiento se propaga alrededor de su punto de partida por ondas concéntricas, uniformemente repartidas siguiendo todas las direcciones del espacio, lo que da origen a la figura de un esferoide indefinido y no cerrado. Ese es el movimiento menos diferenciado de todos, en razón de lo que podemos llamar su "isotropismo" y por ello podrá dar origen a todos los demás movimientos que se distinguirán de él en tanto en cuanto no se efectuarán ya de una manera uniforme siguiendo todas las direcciones; y así mismo, todas las formas más particularizadas procederán de la forma esférica original. Así, la diferenciación del éter primitivamente homogéneo, diferenciación que engendra los demás elementos, tiene como origen un movimiento elemental que se produce del modo que acabamos de describir, a partir de un punto inicial cualquiera, en este medio cósmico indefinido; pero este movimiento elemental no es nada más que el prototipo de la ondulación sonora. La sensación auditiva es, por otro lado, la única que nos hace percibir directamente un movimiento vibratorio; aun si se admite, con la mayoría de los físicos modernos, que las demás sensaciones proceden de una transformación de semejantes movimientos, no deja de ser verdad que difieren de ella cualitativamente como sensaciones, lo que es aquí la única consideración esencial. Por otro lado según lo que se acaba de decir, es en el éter donde reside la causa del sonido; pero está claro que esta causa debe distinguirse de los medios diversos que pueden servir secundariamente para la propagación del sonido y que contribuyen a hacérnoslo perceptible amplificando las vibraciones etéricas elementales y ello tanto más cuanto que esos medios son más densos; añadamos, por último, a este respecto, que la cualidad sonora es igualmente sensible en los otros cuatro elementos, en cuanto todos éstos proceden del éter. Aparte de estas consideraciones, la atribución de la cualidad sonora al éter, es decir, al primero de los elementos, tiene todavía otra razón profunda que se relaciona con la doctrina de la primordialidad y la perpetuidad del sonido; pero ese es un punto al que no podemos aludir más que de paso.

El segundo elemento, el que se diferencia en primer lugar a partir del éter, es *vâyu* o el aire; la palabra *vâyu*, derivada de la raíz verbal *vâ* que significa "ir" o "moverse", designa propiamente el soplo o el viento y, como consecuencia, la movilidad es considerada como el carácter esencial de este elemento. De un modo más preciso, el aire, tal como ya hemos dicho, se considera como dotado de un movimiento transversal, movimiento en el que todas las direcciones del espacio no desempeñan ya el mismo papel, como en el movimiento esferoidal que hemos tenido que considerar anteriormente, sino que se efectúa, por el contrario, siguiendo cierta dirección particular; es pues, en suma, el movimiento rectilíneo, al que da origen la determinación de esta dirección. Esta propagación del movimiento siguiendo ciertas direcciones determinadas implica una ruptura de la homogeneidad del medio cósmico; y tenemos desde ese momento un movimiento complejo que, al no ser ya "isótropo", debe ser constituido por una combinación o una coordinación de movimientos vibratorios elementales. Tal movimiento da origen a formas igualmente complejas y, como la forma es lo que afecta en primer lugar al tacto, la cualidad tangible puede relacionarse con el aire como si perteneciera a este elemento, que, por su movilidad, es el principio de la diferenciación de las formas. Es, pues, por el efecto de la movilidad por lo que el aire se nos hace sensible; por otra parte, analógicamente, el aire atmosférico no se hace sensible al tacto más que por su desplazamiento; pero, según la observación que hemos hecho más arriba, de un modo general, hay que guardarse mucho de identificar el elemento aire con este aire atmosférico, que es un cuerpo, como algunos no han dejado de hacer al comprobar algunos paralelos de este tipo. Así es como Kanâda declara que el aire es incoloro; pero es muy fácil comprender que debe ser así, sin referirse por ello a las propiedades del aire atmosférico, pues el color es una cualidad del fuego y éste es, lógicamente posterior al aire en el orden de desarrollo de los elementos; esta cualidad no está todavía manifestada en el estadio representado por el aire.

El tercer elemento es *têjas* o el fuego, que se manifiesta a nuestros sentidos bajo dos aspectos principales, como luz y como calor; la cualidad que le pertenece es la visibilidad y, a este respecto, es bajo su aspecto luminoso como debe considerarse el fuego; eso es demasiado claro para necesitar explicación pues es, evidentemente, sólo por la luz como los cuerpos se hacen visible. Según Kanâda, "la luz es coloreada y es el principio de la coloración de los cuerpos"; el color es, pues, una propiedad característica de la luz: en la propia luz, es blanco y resplandeciente; en los diversos cuerpos es variable y pueden distinguirse entre sus modificaciones colores simples y colores mixtos o mezclados. Advirtamos que los Pitagóricos, a decir de Plutarco, afirmaban igualmente que "los colores no son nada más que una reflexión de la luz, modificada de diferentes maneras"; se cometería, pues, un grave error viendo aquí también un descubrimiento de la ciencia moderna. Por otro lado, bajo su aspecto calórico, el fuego es sensible al tacto, en el que produce la impresión de la temperatura; el aire es neutro desde este punto de vista puesto que es anterior al fuego y que el calor es un aspecto de éste; y, en cuanto al frío, se considera como una propiedad característica del agua. Así pues, con respecto a la temperatura, como en lo que concierne a la acción de las dos tendencias ascendente y descendente que hemos definido precedentemente, el fuego y el agua se oponen uno al otro, mientras que el aire se encuentra en un estado de equilibrio entre estos dos elementos. Por otra parte, si se considera que el frío aumenta la densidad de los cuerpos contrayéndolos, mientras que el calor los dilata y los sutiliza, se reconocerá sin dificultad que la correlación del calor y el frío con el fuego y el agua, respectivamente, se encuentra comprendida, a titulo de explicación particular y de simple consecuencia, en la teoría general de los tres *gunas* y de su repartición en el conjunto del dominio elemental.

El cuarto elemento, *ap* o el agua, tiene como propiedades características, además del frío del que acabamos de hablar, la densidad o la gravedad, que le es común con la tierra, y la fluidez o la viscosidad, que es la cualidad por la que se distingue esencial mente de todos los demás elementos; ya hemos señalado la correlación de estas dos propiedades con las acciones respectivas de *tamas* y *rajas*. Por otra parte, la cualidad sensible que corresponde al agua es el sabor; y se puede observar, accesoriamente, aunque no hay por qué atribuir una importancia demasiado grande a las consideraciones de esta clase, que resulta que esto está de acuerdo con los fisiologistas modernos que piensan que un cuerpo sólo es "sápido" si puede disolverse en la saliva; en otros términos, el sabor, en un cuerpo cualquiera, es una consecuencia de la fluidez.

Finalmente, el quinto y último elemento es *prithvi* o la tierra que, al no tener ya la fluidez como el agua, corresponde a la modalidad corporal más condensada de todas; por eso, es en este elemento en el que encontramos en su más alto grado la gravedad, que se manifiesta en el descenso o la caída de los cuerpos. La cualidad sensible que es propia de la tierra es el olor; por eso esta cualidad se considera como si residiera en unas partículas sólidas que, desprendiéndose de los cuerpos, entran en contacto con el órgano del olfato. También sobre este punto, parece que no haya desacuerdo con las teorías fisiológicas actuales; pero, por otra parte, aunque hubiera algún desacuerdo, ello importaría poco en el fondo pues el error debería entonces encontrarse, en todo caso, del lado de la ciencia profana y no del de la doctrina tradicional.

Para terminar, diremos unas palabras sobre el modo en el que la doctrina hindú considera los órganos de los sentidos en su relación con los elementos: puesto que cada cualidad sensible procede de un elemento en el que reside esencialmente, es necesario que el órgano por el que se percibe esta cualidad le sea conforme, es decir, que sea él mismo de la naturaleza del elemento correspondiente. Es así como están constituidos los verdaderos órganos de los sentidos y es preciso, contrariamente a la opinión de los budistas, distinguirlos de los órganos exteriores, es decir, de las partes del cuerpo humano que no son más que los lugares en los que residen, y sus instrumentos. Así pues, el verdadero órgano del oído no es el pabellón de la oreja, sino la porción del éter que está contenida en el oído interno y que entra en vibración por la influencia de una ondulación sonora; y Kanâda hace observar que no es la primera onda ni las ondas intermedias las que hacen oír el sonido, sino la última onda que entra en contacto con el órgano del oído. Así mismo, el verdadero órgano de la vista no es el globo ocular ni la pupila, ni siquiera la retina, sino un principio luminoso que reside en el ojo y que entra en comunicación con la luz que emanan o reflejan los objetos exteriores; la luminosidad del ojo no es visible de ordinario pero puede llegar a serlo en ciertas circunstancias, particularmente entre los animales que ven en la oscuridad de la noche. Hay que observar, además, que el rayo luminoso por el que se efectúa la percepción visual y que se extiende entre el ojo y el objeto percibido, puede ser considerado en los dos sentidos, por una parte, como si partiera del ojo para alcanzar el objeto y, por otra parte, recíprocamente, como si fuera del objeto hacia la pupila del ojo; se encuentra una teoría similar de la visión entre los pitagóricos y esto concuerda también con la definición que Aristóteles da de la sensación, concebida como "el acto común del sentiente y de lo sentido". Cabría dedicarse a consideraciones del mismo género para los órganos de cada uno de los demás sentidos; pero pensamos haber dado al respecto, por medio de estos ejemplos, indicaciones suficientes.

Esta es, expuesta en sus grandes líneas e interpretada lo más exactamente posible, la teoría hindú de los elementos que, además del interés propio que presenta en sí misma, es susceptible de hacer comprender, de un modo más general, lo que es el punto de vista "cosmológico" en las doctrinas tradicionales.

Capítulo V

DHARMA

La palabra *Dharma* parece ser uno de los términos sánscritos que más enredan a los traductores, y no sin razón, pues, de hecho, presenta múltiples sentidos, y es ciertamente imposible traducirla siempre uniformemente por una misma palabra en otra lengua; quizás vale más muchas veces conservarla pura y simplemente, a condición de explicarla con un comentario. Gualtherus H. Mees, que ha dedicado a este asunto un libro aparecido recientemente[51], y que, aunque limitándose casi exclusivamente al punto de vista social, da muestras de mayor comprehensión al respecto de la que se encuentra en la mayor parte de los Occidentales, señala muy justamente que, si hay en ese término cierta indeterminación, esta no es en absoluto sinónimo de vaguedad, pues no prueba que las concepciones de los antiguos hayan estado faltas de claridad ni que ellos no hayan sabido distinguir los diferentes

---

[51] *Dharma and Society* (N.V. Service, The Hague; Luzac and Co. Londres. La mayor parte del libro concierne más especialmente a la cuestión de los *varnas* o castas, pero este punto de vista merece por sí sólo ser objeto de otro artículo.

aspectos de aquello de que se trata; esa pretendida vaguedad, de la que se podrían encontrar muchos ejemplos, indica sobre todo que el pensamiento de los antiguos estaba mucho menos limitado que el de los modernos, y que, en lugar de ser analítico como éste, era esencialmente sintético. Subsiste aún, por otra parte, algo de esta indeterminación en un término como el de "ley", por ejemplo, que encierra también sentidos muy diferentes unos de otros; y esta palabra "ley" es precisamente, con la de "orden", una de las que, en muchos casos, pueden traducir lo menos imperfectamente posible la idea de *dharma*.

Se sabe que *dharma* es derivado de la raíz *dhri*, que significa portar, soportar, sostener, mantener[52]; se trata pues propiamente de un principio de conservación de los seres, y por lo tanto de estabilidad, al menos mientras ésta es compatible con las condiciones de la manifestación, pues todas las aplicaciones del *dharma* se relacionan siempre con el mundo manifestado. Tampoco es posible admitir, como el autor parece estar dispuesto a hacer, que ese término pueda ser más o menos un sustituto de *Atmâ*, con la única diferencia de que sería "dinámico" en lugar de ser "estático"; *Atmâ* es no manifestado, luego inmutable; y *dharma* es una expresión suya, si se quiere, en el sentido de que refleja la inmutabilidad principial en el orden de la manifestación; no

---

[52] Como quiera que diga el autor, una raíz común con la palabra "forma" nos parece poco verosímil y, en todo caso, no vemos bien qué consecuencias se podrían sacar de ello.

es "dinámico" sino en la medida en que manifestación implica necesariamente "devenir", pero es lo que hace que este "devenir" no sea puro cambio, lo que mantiene siempre a través del cambio mismo, cierta estabilidad relativa. Por otro lado, es importante destacar, a este respecto, que la raíz *dhri* es casi idéntica, como forma y en cuanto a su sentido, a la raíz *dhru*, de la cual deriva la palabra *dhruva* que designa al "polo"; efectivamente, es a la idea de "polo" o de "eje" del mundo manifestado a la que conviene referirse si se quiere comprender verdaderamente la noción del *dharma*: es lo que permanece invariable en el centro de las revoluciones de todas las cosas, y que regula el curso del cambio por cuanto no participa en él. No hay que olvidar que, por el carácter sintético del pensamiento que él expresa, el lenguaje está aquí mucho más ligado al simbolismo que en las lenguas modernas, y que es además de éste del que obtiene esta multiplicidad de sentidos de la que hablamos en todo momento; y quizás se podría incluso mostrar que la concepción del *dharma* se relaciona bastante directamente con la representación simbólica del "eje" por la figura del "Arbol del Mundo".

Por otro lado, Mees señala con razón el parentesco de la noción de *dharma* con la de *rita*, que tiene etimológicamente la misma significación de "rectitud" (del mismo modo que el *Te* de la tradición extremo-oriental, que está también muy próximo al *dharma*), lo que nos recuerda, evidentemente, la idea del "eje", que es la de una dirección constante e invariable. Al mismo tiempo, este término "*rita*", es idéntico a la palabra "rito", y podría decirse, en efecto, que este último, al menos en su origen, designa todo lo que se ha cumplido conforme al orden; no toma una acepción más restringida sino tras la degeneración que da lugar a una actividad "profana", en el dominio que sea. Hace falta entender bien que el rito conserva siempre el mismo carácter, y que es la actividad no ritual la que se desvía en cierto modo: Todo lo que no es más que "convención" o "costumbre", sin ninguna razón profunda, no existía originariamente; y el rito, considerado tradicionalmente, no tiene ninguna relación con todo eso, que nunca puede ser sino caricatura o parodia. Pero todavía hay algo más: cuando hablamos aquí de conformidad al orden, no hay que entender por ello solamente el orden humano, sino también, e incluso antes que nada, el orden cósmico; en toda concepción tradicional, en efecto, hay siempre una estricta correspondencia entre uno y otro, y es precisamente el rito el que mantiene sus relaciones de manera consciente, implicando en cierto modo una colaboración del hombre, en la esfera donde se ejerce su actividad, con el orden cósmico mismo.

Igualmente, la noción de *dharma* no está limitada al hombre, sino que se extiende a todos los seres y a todos sus estados de manifestación, es por lo que una concepción únicamente social no podría ser suficiente para permitir comprenderla a fondo: ésta no es más que una aplicación particular, que jamás debe ser separada de la "ley" o "norma" primordial y universal de la que no es sino la traducción en modo específicamente humano. Sin duda, se puede hablar del *dharma* propio de cada ser (*swadharma*) o de cada grupo de seres, tal como una colectividad humana por ejemplo; pero esto no es a decir verdad más que una particularización del *dharma* con relación a las condiciones especiales de ese ser o de ese grupo, cuya naturaleza y constitución son forzosamente análogas a las del conjunto del que forma parte, ya sea este conjunto cierto estado de existencia o incluso la manifestación entera, pues la analogía se aplica siempre a todos los niveles y a todos los grados. Se ve que estamos aquí muy lejos de una concepción "moral": si una idea como la de "justicia" conviene a veces para traducir el sentido de *dharma*, ello no es sino en tanto que se trata de una expresión humana del equilibrio o de la armonía, es decir, de uno de los aspectos del mantenimiento de la estabilidad cósmica. Con mayor razón, una idea de "virtud" no puede aplicarse aquí sino en la medida en que ella indica que las acciones de un ser son conformes a su naturaleza propia, y por ello mismo, al orden total que tiene su reflejo o su imagen en la naturaleza de cada uno. Igualmente aún, si se considera una colectividad humana y no ya una individualidad aislada, la idea de la "legislación" no entra en la de *dharma* sino porque esta legislación debe ser normalmente una adaptación del orden cósmico al medio social; y este carácter es particularmente visible en lo que concierne a la constitución de las castas, como veremos en un próximo artículo. Así se explican en suma todas las significaciones secundarias de la palabra *dharma*; y no hay dificultad más que cuando se quiere considerarlas aparte y sin ver cómo ellas son derivadas de un principio común, que es, podría decirse, como la unidad fundamental a la cual se remite su multiplicidad[53].

Antes de terminar esta apreciación, debemos todavía, para situar más exactamente la noción de *dharma*, indicar el lugar que ocupa entre los fines que las Escrituras tradicionales hindúes asignan a la vida humana. Estos fines son en número de cuatro, y son enumerados así en un orden jerárquicamente ascendente: *artha, kâma, dharma, moksha*: este último, es decir, la "Liberación", es el único fin supremo y, estando más allá del dominio de la manifestación, es de un orden enteramente diferente de los otros tres y sin medida común con éstos, como lo absoluto no tiene medida común con lo relativo. En cuanto a los tres primeros fines, que se relacionan todos con lo manifestado, *artha* comprende el conjunto de los bienes de orden corporal; *kâma* es el deseo, cuya satisfacción constituye el bien de orden psíquico; siendo *dharma* superior a éste, hay que considerar su realización como dependiendo propiamente del orden espiritual, lo que concuerda en efecto con el carácter de universalidad que le hemos reconocido. Es

---

[53] Es fácil comprender también que la aplicación social del *dharma* se traduce siempre, si se quiere emplear el lenguaje moderno, como "deber" y no como "derecho"; el *dharma* propio de un ser no puede evidentemente expresarse más que por lo que debe hacer él mismo, y no por lo que otros deben hacer a su respecto, y que se desprende naturalmente del *dharma* de los otros seres.

evidente, sin embargo, que todos esos fines, y comprendido el *dharma* mismo, no siendo siempre más que contingentes como la manifestación fuera de la cual no podrían ser considerados, no pueden nunca estar más que subordinados con relación al fin supremo, frente al cual no son en suma más que simples medios. Cada uno de esos mismos fines está además subordinado a los que le son superiores aun permaneciendo todavía relativos; pero, cuando son los únicos enumerados con exclusión de *moksha*, es que se trata de un punto de vista limitado a la consideración de lo manifestado, es solamente así como *dharma* puede aparecer a veces como el fin más elevado que se proponga al hombre. Veremos además a continuación que estos fines están más particularmente en correspondencia respectiva con los diferentes *varnas*[54]; y podemos decir desde ahora que esta correspondencia reposa esencialmente sobre la teoría de los tres *gunas*, lo que muestra bien que, aquí aún, el orden humano aparece como indisolublemente ligado al orden cósmico todo entero.

---

[54] Véase el capítulo siguiente.

Capítulo VI

VARNA[55]

El Sr. Gualtherus H. Mees, en su libro *Dharma and Society* del que ya hemos hablado, se extiende sobre todo, como hemos dicho, sobre la cuestión de las castas; por lo demás, él no acepta esta palabra en el sentido en el que nosotros la entendemos, sino que prefiere guardar el término sánscrito *varna* sin traducirlo, o traducirlo por una expresión común como la de "clases naturales", que, en efecto, define bastante bien aquello de que se trata, puesto que es verdaderamente una repartición jerárquica de los seres humanos en conformidad con la naturaleza propia de cada uno de ellos. Sin embargo, es de temer que la palabra "clases", incluso acompañada de un calificativo, evoque la idea de algo más o menos comparable a las clases sociales de Occidente, las cuales son, a decir verdad, puramente artificiales, y que nada tienen en común con una jerarquía tradicional, de la cual representan todo lo más una especie de parodia o de caricatura. También encontramos, por nuestra parte, que vale más emplear la

---

[55] Publicado en "Le Voile d'Isis", noviembre de 1935.

palabra "castas", que no tiene sin duda más que un valor totalmente convencional, pero que al menos se ha fabricado expresamente para designar la organización hindú; pero Mees la reserva para las múltiples castas que existen de hecho en la India actual, y en las cuales quiere ver algo totalmente diferente de los *varnas* primitivos. No podemos compartir esta manera de considerar las cosas, pues no se trata en realidad más que de subdivisiones secundarias, debidas a una complejidad o a una diferenciación mayor de la organización social, y, cualquiera que sea su multiplicidad, no dejan de entrar siempre en el cuadro de los cuatro *varnas*, los únicos que constituyen la jerarquía fundamental y permanecen necesariamente invariables, como expresión de los principios tradicionales y reflejo del orden cósmico en el orden social humano.

Hay, en esta distinción que quiere hacer Mees entre *varna* y "casta", una idea que nos parece inspirada en gran parte en las teorías bergsonianas sobre las "sociedades abiertas" y las "sociedades cerradas", bien que él no se refiere nunca expresamente a éstas: intenta distinguir dos aspectos del *dharma*, de los cuales uno correspondería más o menos al *varna* y el otro a la "casta", y cuyo predominio se afirmaría alternativamente en lo que él llama "períodos de vida" y "períodos de forma, a los cuales atribuye caracteres respectivamente "dinámicos" y "estáticos". No tenemos la intención de discutir aquí estas concepciones filosófico-históricas, que no reposan evidentemente sobre ningún dato tradicional; es más interesante para nosotros señalar un malentendido con relación a la palabra *jâti* que el autor cree que designa lo que él denomina "casta", mientras que en realidad, es empleada como un equivalente o un sinónimo de *varna*. Esta palabra *jâti* significa literalmente "nacimiento", pero no habría que entenderlo, al menos exclusivamente ni en principio, en el sentido de "herencia"; designa la naturaleza individual del ser, en tanto que ésta es necesariamente determinada desde su nacimiento mismo, como conjunto de las posibilidades que desarrollará en el curso de su existencia; esta naturaleza resulta antes que nada de lo que es el ser en sí mismo y sólo secundariamente de las influencias del medio, del que forma parte la herencia propiamente dicha; aún conviene añadir que ese medio mismo es normalmente determinado por cierta ley de "afinidad", de manera que sea conforme en lo posible a las tendencias propias del ser que en él nace; decimos normalmente, pues puede haber excepciones más o menos numerosas, al menos en un período de confusión como el Kali-Yuga. Dado esto, no se ve del todo lo que podría ser una casta "abierta", si se entiende por ella (¿y qué otra cosa podría entenderse?) que un individuo tendría la posibilidad de cambiar de casta en un momento dado, ello implicaría en él un cambio de naturaleza que es tan inconcebible como lo sería un cambio sufrido de especie en la vida de un animal o de un vegetal, (y se puede resaltar que la palabra *jâti* tiene también el sentido de "especie", lo que da más significación todavía a esta comparación). Un aparente cambio de casta no podría ser nada más que la reparación de un error en el caso en que se hubiera primero atribuido al individuo una casta que no fuera realmente la suya; pero el hecho de que tal error pueda a veces producirse(y precisamente como consecuencia del oscurecimiento del Kali-Yuga) no impide en modo alguno, de manera general, la posibilidad de determinar la casta verdadera desde el nacimiento; si Mees parece creer que solamente la consideración de la herencia intervendría, entonces es que ignora sin duda que los medios para esta determinación pueden ser proporcionados por ciertas ciencias tradicionales, aunque no fuese más que la astrología (que, entiéndase bien, es aquí muy otra cosa que la pretendida "astrología científica" de ciertos Occidentales modernos y nada tiene que ver con un arte "conjetural" o "adivinatorio", como tampoco con el empirismo de las estadísticas y del cálculo de probabilidades).

Dicho esto, volvamos a la noción misma de *varna*: esta palabra significa propiamente "color", pero también, por extensión, "cualidad" en general, y por ello puede tomarse para designar la naturaleza individual; Mees descarta muy justamente la interpretación extravagante propuesta por algunos, que quieren ver en el sentido de "color" la prueba de que la distinción de los *varnas* habría estado, en el origen, basada sobre diferencias de raza, de lo cual es de todo punto imposible encontrar en ninguna parte la menor confirmación. La verdad es que, si son efectivamente atribuidos unos colores a los *varnas*, es de un modo simbólico; y la clave de este simbolismo es dado por la correspondencia con los *gunas*, correspondencia que es especialmente indicada muy explícitamente en este texto del *Vishnú-Purâna*: "Cuando *Brahmâ*, conforme a su designio, quiso producir el mundo, los seres en los cuales *sattwa* prevalecía provinieron de su boca; otros en los cuales *rajas* eran predominantes provinieron de su pecho; otros en los cuales *rajas* y *tamas* eran fuertes ambos provinieron de sus muslos, en fin, otros provinieron de sus pies, teniendo por característica principal a *tamas*; de estos seres fueron compuestos los cuatro *varnas*, los Brahmanes, los Chatrias, los Vaisias y los Sudras, que habían provenido respectivamente de su boca, de su pecho, de sus muslos y de sus pies". Siendo *sattwa* representado por el color blanco, este es naturalmente atribuido a los Brahmanes; igualmente el rojo, color representativo de *rajas*, lo es a los Chatrias; los Vaisias, caracterizados por una mezcla de dos *gunas* inferiores, tienen como color simbólico el amarillo; en fin, el negro, color de *tamas*, es consecuentemente el que conviene a los Sudras.

La jerarquización de los *varnas*, así determinada por los *gunas* que predominan respectivamente en ellos, se superpone exactamente a la de los elementos, tal como lo hemos expuesto en nuestro estudio sobre este tema; es lo que muestra inmediatamente la comparación del esquema que aquí damos con el que hemos allí dado. Es preciso solamente destacar, para que la similitud sea completa, que el lugar del éter debe ser ocupado aquí por *Hamsa*, es decir, por la casta primordial única que existía en el *Krita-Yuga*, y que contenía los cuatro *varnas* ulteriores en principio y en estado indiferenciado, de la misma manera que el éter contiene los otros cuatro elementos.

Por otra parte, Mees intenta, aun defendiéndose, por lo demás, de querer impulsar demasiado lejos las analogías, indicar una correspondencia de los cuatro *varnas* con los cuatro *âshramas* o estadios regulares de la existencia, que no examinaremos aquí, y también con los cuatro fines de la vida humana de los que hemos hablado precedentemente a propósito del *dharma*; pero, en este último caso, el hecho mismo de que se trata siempre de una división cuaternaria le ha inducido a una inexactitud manifiesta. En efecto, es evidentemente inadmisible que se proponga como un fin, aunque fuese el más inferior de todos, la obtención de algo que correspondería pura y simplemente a *tamas*; la repartición, si se efectúa de abajo arriba, debe pues comenzar en realidad en el grado que es inmediatamente superior a aquel, como lo indica nuestro segundo esquema; y es fácil comprender que *dharma* corresponde efectivamente a *sattwa*, *kâma* a *rajas*, y *artha* a una mezcla de *rajas* y de *tamas*. Al mismo tiempo, las relaciones de estos fines con el carácter y la función de los tres *varnas* superiores (es decir, de aquellos cuyos miembros poseen las cualidades de *ârya* y de *dwija*) aparecen entonces por sí mismos: la función del Vaisia se relaciona bien con la adquisición de *artha* o de los bienes de orden corporal, *kâma* o el deseo es el móvil de la actividad que conviene propiamente al Chatria; y el Brahmán es verdaderamente el guardián natural del *dharma*. En cuanto a *moksha*, este fin supremo es, como ya hemos dicho, de un orden enteramente diferente de los otros tres y sin ninguna medida común con ellos; se sitúa pues más allá de todo lo que corresponde a las funciones particulares de los *varnas*, y no podría ser contenido, como lo son los fines transitorios y contingentes, en la esfera que represente el dominio de la existencia condicionada, puesto que él es precisamente la liberación de esta existencia misma, él esta también, entiéndase bien, más allá de los tres *gunas*, que no conciernen más que a los estados de la manifestación universal.

Estas escasas consideraciones muestran bastante claramente que, cuando se trata de las instituciones tradicionales, un punto de vista únicamente sociológico es insuficiente para ir al fondo de las cosas, puesto que el verdadero fundamento de esas instituciones es de orden propiamente "cosmológico"; pero es evidente que ciertas lagunas al respecto no deben sin embargo, impedirnos reconocer el mérito de la obra de Mees, que es ciertamente muy superior a la mayor parte de los trabajos que otros Occidentales han dedicado a las mismas cuestiones.

Capítulo VII

Tntrismo y magia[56]

Se tiene la costumbre, en Occidente, de atribuir al Tantrismo un carácter "mágico", o al menos se cree que la magia desempeña en él un papel predominante; hay aquí un error de interpretación en lo que concierne al Tantrismo, y quizás también en lo referente a la magia, con respecto a la cual nuestros contemporáneos no tienen en general más que ideas extremadamente vagas y confusas, como ya lo hemos hecho notar en uno de nuestros recientes artículos. No volveremos ahora sobre este último punto; pero, tomando estrictamente la magia en su sentido propio, y suponiendo que sea así como se la entiende, nos preguntamos qué es lo que, en el Tantrismo, puede proporcionar el pretexto para esa falsa interpretación, pues siempre es más interesante explicar un error que atenerse a su pura y simple verificación.

En primer lugar, recordaremos que la magia, por muy de

---

[56] Artículo publicado originalmente en "Études Traditionnelles", agosto-septiembre de 1937.

orden inferior que sea en sí misma, es no obstante una ciencia tradicional auténtica, y como tal, puede legítimamente ocupar su lugar entre las aplicaciones de una doctrina ortodoxa, siempre que ello no sea sino en el lugar subordinado y secundario que conviene a su carácter esencialmente contingente. Por otra parte, dado que el desarrollo efectivo de las ciencias tradicionales particulares está de hecho determinado por las condiciones propias a tal o cual época, es natural y hasta cierto punto normal que las más contingentes de ellas se desarrollen especialmente en el período en el que la humanidad está más alejada de la intelectualidad pura, es decir, en el Kali-Yuga, y que, aun manteniéndose en los límites que les son asignados por su propia naturaleza, adquieran una importancia que jamás hubieran podido tener en los períodos anteriores. Las ciencias tradicionales, cualesquiera que sean, siempre pueden servir de "soportes" para elevarse a un conocimiento de orden superior, y ello es lo que, más que lo que son en sí mismas, les confiere un valor propiamente doctrinal; pero, tal como hemos mencionado en otro lugar, tales "soportes", por lo general, deben hacerse cada vez más y más contingentes a medida que se cumple el "descenso" cíclico, a fin de seguir siendo aptas para las posibilidades humanas de cada época. El desarrollo de las ciencias tradicionales inferiores no es en suma más que un caso particular de esta necesaria "materialización" de los "soportes" de la que hemos hablado; pero, al mismo tiempo, es evidente que los peligros de desviación se hacen tanto mayores cuanto más lejos se va en tal sentido, y por ello una ciencia tal como la magia está manifiestamente entre aquéllas que más fácilmente dan lugar a toda clase de deformaciones y de usos ilegítimos; la desviación, en todos los casos, no es por otro lado imputable, en definitiva, sino a las condiciones mismas de este período de "oscurecimiento" que es el Kali-Yuga.

Es fácil comprender la relación directa que todas estas consideraciones tienen con el Tantrismo, forma doctrinal especialmente adaptada al Kali-Yuga; y si se añade que, como hemos ya indicado en otra parte, el Tantrismo insiste especialmente sobre la "potencia" como medio e incluso como base posible de "realización", no podrá sorprender que deba otorgar por ello una importancia bastante considerable, podría incluso decirse que el máximo de importancia compatible con su relatividad, a las ciencias que, de un modo u otro, son susceptibles de contribuir al desarrollo de esta "potencia" en un dominio cualquiera. Estando evidentemente la magia en este caso, no se trata de ningún modo de negar que encuentre aquí un lugar; pero lo que debe decirse claramente es que en ningún caso podría constituir lo esencial del Tantrismo: cultivar la magia por sí misma, al igual que tomar como un fin el estudio o la producción de "fenómenos" del género que sea, es encerrarse en la ilusión en lugar de tender a liberarse de ella; en ello consiste la desviación, y no, por consiguiente, en el Tantrismo, aspecto de una tradición ortodoxa y "vía" destinada a conducir al ser a la verdadera "realización".

Se reconoce generalmente sin ambages que existe una iniciación tántrica, pero, a menudo, sin darse cuenta realmente de lo que ello implica; lo que en varias ocasiones hemos expuesto con respecto a los fines espirituales de toda iniciación regular sin excepción nos dispensa de insistir más ampliamente sobre este punto. La magia como tal, al referirse exclusivamente al dominio "psíquico" por definición, nada tiene sin duda de iniciático: así pues, incluso si ocurre que un ritual iniciático pone en juego ciertos elementos aparentemente "mágicos", será necesariamente preciso que, por el objetivo que se les asigna y por la manera de emplearlos de conformidad con este objetivo, los "transforme" en algo de muy otro orden, donde lo "psíquico" no será más que un simple "soporte" de lo espiritual; y así no es ya de magia de lo que se tratará en realidad, del mismo modo que, por ejemplo, no se trata de geometría cuando se efectúa el trazado de un *yantra*; el "soporte" tomado en su "materialidad", si así puede expresarse, no debe nunca confundirse con el carácter de orden superior que le es esencialmente conferido por su destino. Esta confusión no puede concernir más que a observadores superficiales, incapaces de ver cualquier cosa más allá de las apariencias formales más exteriores, caso que en efecto es el de casi todos aquéllos que, en el Occidente moderno, han querido ocuparse de tales asuntos, y que han aportado siempre en ello toda la incomprensión inherente a la mentalidad profana; es por otra parte esta misma confusión lo que, digámoslo de pasada, está igualmente en el punto de partida de las interpretaciones "naturalistas" que se han pretendido dar de todo el simbolismo tradicional.

A estas pocas observaciones, añadiremos aún otra de carácter un poco diferente: se conoce la importancia de los elementos tántricos que han penetrado en ciertas formas del Budismo comprendidas en la designación general de *Mahâyâna*; pero, lejos de ser un Budismo "corrompido", como suele decirse en Occidente, esas formas representan por el contrario el resultado de una adaptación absolutamente tradicional del Budismo. Poco importa que apenas se pueda ya, en ciertos casos, reencontrar fácilmente los caracteres propios del Budismo original; más bien, esto mismo no hace sino atestiguar la amplitud de la transformación operada. Puede entonces plantearse la siguiente pregunta: ¿cómo hubiera podido ocurrir algo semejante con el Tantrismo si éste no fuera verdaderamente nada más que magia? Hay aquí una imposibilidad perfectamente evidente para cualquiera que posea el más mínimo conocimiento de las realidades tradicionales; por otra parte, aquí no se trata en el fondo sino de la imposibilidad misma que hay de que lo inferior produzca lo superior, o que lo "más" surja de lo "menos"; pero este absurdo, ¿no es, precisamente, el que se encuentra implícito en todo el pensamiento "evolucionista" de los occidentales modernos, y que por ello contribuye ampliamente a falsear sin remedio todas sus concepciones?

Capítulo VIII

EL QUINTO VÊDA[57]

Entre los errores específicamente modernos que a menudo hemos tenido ocasión de denunciar, uno de los que se oponen más directamente a toda verdadera comprensión de las doctrinas tradicionales es lo que se podría denominar el "historicismo", que por otra parte no es, en el fondo, más que una simple consecuencia de la mentalidad "evolucionista": en efecto, éste consiste en suponer que todas las cosas han debido comenzar de la manera más rudimentaria y grosera, para después sufrir una elaboración progresiva, de modo que tal o cual concepción habría aparecido en un momento determinado, y tanto más tardíamente cuanto más elevada se considere, implicando ello que no puede ser sino "el producto de una civilización ya avanzada", según una expresión que se ha hecho tan corriente que a veces es repetida de forma mecánica incluso por quienes intentan reaccionar contra tal mentalidad, no manteniendo sino intenciones "tradicionalistas", sin poseer

---

[57] Artículo originalmente aparecido en "Etudes Traditionnelles", agosto-septiembre de 1937.

ningún verdadero conocimiento tradicional. A esta manera de ver las cosas conviene oponer la afirmación de que es, por el contrario, en el origen donde todo lo que pertenece al dominio intelectual y espiritual se encuentra en un estado de perfección del que no ha hecho después sino alejarse gradualmente en el curso del "oscurecimiento" que necesariamente acompaña a todo proceso cíclico de manifestación; esta ley fundamental, a la que debemos limitarnos a recordar aquí sin entrar en más amplios desarrollos, basta evidentemente para reducir a la nada todos los resultados de la pretendida "crítica histórica". Puede aún destacarse que ésta implica un apriorismo fijado en negar todo elemento supra-humano, en tratar a las doctrinas tradicionales a la manera de un "pensamiento" puramente humano, enteramente comparable, a este respecto, con lo que son la filosofía y las ciencias profanas; con tal punto de vista no es posible ningún compromiso, y, por otra parte, es en realidad este "pensamiento" profano el que es de fecha muy reciente, no habiendo podido aparecer sino como el "producto de una degeneración ya avanzada", como podríamos decir invirtiendo en un sentido "antievolucionista" la frase anteriormente citada.

Si aplicamos estas consideraciones generales a la tradición hindú, diremos que, contrariamente a la opinión de los orientalistas, no existe nada parecido a lo que comúnmente es llamado "Vedismo", "Brahmanismo" o "Hinduismo", si se entiende por ello unas doctrinas que habrían visto la luz en épocas sucesivas y se habrían reemplazado unas a otras, estando cada una caracterizada por concepciones esencialmente diferentes de las de las otras, si no incluso más o menos en contradicción con éstas, concepciones que se habrían formado sucesivamente tras una "reflexión" imaginada según el modelo de la simple especulación filosófica. Estas diversas denominaciones, si se las desea conservar, no deben ser encaradas más que como designando una sola y la misma tradición, a la cual pueden efectivamente convenir todas; y todo lo más se podría decir que cada una se relaciona más directamente con cierto aspecto de esta tradición, apoyándose estrechamente estos diferentes aspectos y no pudiendo en modo alguno ser aislados unos de otros. Ello resulta inmediatamente del hecho de que la tradición de que se trata está, en principio, integralmente contenida en el Vêda, y, por consiguiente, todo lo que es contrario al Vêda o todo lo que de él no se deriva legítimamente está por ello mismo excluido de dicha tradición, bajo cualquier aspecto que se le considere; la unidad y la invariabilidad esenciales de la doctrina están así aseguradas, cualesquiera que por otra parte sean los desarrollos y las adaptaciones a las cuales pueda dar lugar para responder más particularmente a las necesidades y a las aptitudes de los hombres de tal o cual época.

Debe quedar claro, en efecto, que la inmutabilidad de la doctrina en sí misma no obstaculiza ningún desarrollo ni ninguna adaptación, con la única condición de que se mantengan siempre en estricta conformidad con los principios, pero también, al mismo tiempo, que nada de todo ello constituye jamás una "novedad", puesto que no podría en todo caso tratarse de algo distinto a una "explicación" de lo que la doctrina implicaba ya en todo tiempo, o aún de una formulación de las mismas verdades en términos diferentes, para tornarlos más fácilmente accesibles a la mentalidad de una época más "oscurecida". Lo que podía en un principio ser captado inmediatamente y sin dificultad no sería ya accesible a los hombres de épocas posteriores, dejando de lado los casos excepcionales, y fue entonces preciso suplir esta general falta de comprensión con una serie de explicaciones y comentarios que hasta entonces no habían sido necesarios; además, siendo cada vez más restringidas las aptitudes propias para alcanzar directamente el puro conocimiento, fue preciso abrir otras "vías", actuando con medios cada vez más contingentes, siguiendo en cierto modo, para remediarlo en la medida de lo posible, el "descenso" que se efectuaba en el recorrido del ciclo de la humanidad terrestre. Así, podría decirse que ésta recibió, para alcanzar sus fines trascendentes, unas mayores facilidades a medida que su nivel espiritual e intelectual se limitaba más, con el fin de salvar todo lo que pudiera ser aún salvado, teniendo en cuenta las condiciones inevitablemente determinadas por las leyes cíclicas.

Tras estas consideraciones se puede comprender verdaderamente el lugar que ocupa, en la tradición hindú, lo que habitualmente es designado con el nombre de "Tantrismo", en tanto que representa el conjunto de las enseñanzas y de los medios de "realización" más especialmente apropiados a las condiciones del Kali-Yuga. Sería pues de todo punto erróneo ver en ello una doctrina aparte, y con mayor razón un "sistema" cualquiera, como hacen siempre alegremente los occidentales; a decir verdad, se trata más bien de un "espíritu", si puede llamarse así, que, de modo más o menos difuso, penetra toda la tradición hindú bajo su forma actual, de manera que sería casi imposible asignarle unos límites precisos y bien definidos en el interior de ésta; y, si por otra parte se piensa que el inicio del Kali-Yuga se remonta mucho mas allá de los tiempos denominados "históricos", deberá reconocerse que el origen mismo del Tantrismo, lejos de ser tan "tardío" como algunos pretenden, escapa forzosamente a los restringidos medios de los que dispone la investigación profana. Y todavía, cuando aquí hablamos de origen, haciéndolo coincidir con el del Kali-Yuga, ello no es cierto sino a medias; más precisamente, ello no es cierto más que a condición de especificar que no se trata sino del Tantrismo como tal, es decir, en tanto que expresión o manifestación exterior de algo que, como todo el resto de tradición, existía desde el principio en el propio Vêda, aunque no haya sido formulado más explícitamente y desarrolladas sus aplicaciones sino cuando las circunstancias lo exigieron. Se ve entonces que hay aquí un doble punto de vista que considerar: por una parte, se puede encontrar al Tantrismo hasta en el Vêda, puesto que está en él incluido principialmente, pero por otra no puede propiamente ser tratado, como aspecto distinto de la doctrina, más que a partir del momento en que fue "explicado", por las razones que ya hemos indicado, y es solamente en este sentido que se le debe considerar como particular del Kali-Yuga.

Su denominación proviene de que las enseñanzas que constituyen su base están expresadas en los tratados que llevan el nombre genérico de *Tantras*, nombre que tiene una relación directa con el simbolismo del tejido, del que hemos hablado en otras ocasiones, pues, en sentido propio, tantra es la "urdimbre" de un tejido; y también en otro lugar hemos indicado que se encuentran palabras con el mismo significado aplicadas a los Libros sagrados. Estos *Tantras* son frecuentemente considerados como formando un "quinto Vêda", especialmente destinado a los hombres del Kali-Yuga; y ello estaría completamente injustificado si, como hemos explicado hace un momento, no derivaran del Vêda, entendido en su acepción más rigurosa, a título de adaptación a las condiciones de una época determinada. Es por otra parte importante considerar que, en realidad, el Vêda es uno, principial y en cierto modo "intemporalmente", antes de haber devenido triple, y después cuádruple, en su formación; si puede ser también quíntuple en la edad actual, debido a los desarrollos suplementarios requeridos por unas facultades de comprensión menos "abiertas" y que ya no pueden ejercerse tan directamente en el orden de la intelectualidad pura, es evidente que eso no afectará en absoluto a su unidad primera, que es esencialmente su aspecto "perpetuo" (*sanâtana*), luego independiente de las condiciones particulares de cualquier edad.

La doctrina de los *Tantras*, pues, no es y no puede ser en suma más que un desarrollo normal, según determinados puntos de vista, de lo que ya está contenido en el Vêda, puesto que es aquí, y solamente aquí, que puede ser, como lo es de hecho, parte integrante de la tradición hindú; y, en lo referente a los medios de "realización" (*sâdhana*) prescritos por los *Tantras*, se puede decir que, por ello mismo, también derivan legítimamente del Vêda, puesto que en el fondo no son nada más que la aplicación y la efectiva puesta en práctica de esta misma doctrina. Si tales medios, en los cuales naturalmente deben ser incluidos los ritos de todo género, ya sea a título principal o simplemente accesorio, parecen no obstante revestir cierto carácter de "novedad" con respecto a los que les han precedido, es porque no cabía considerarlos en las épocas anteriores, si no es quizá a título de puras posibilidades, puesto que los hombres no tenían entonces ninguna necesidad de ellos y disponían de otros medios mejor adaptados a su naturaleza. Hay aquí algo comparable a lo que es el desarrollo especial de una ciencia tradicional en tal o cual época, desarrollo que no constituye una "aparición" espontánea o una "innovación" cualquiera, puesto que, igualmente en esta caso, no puede tratarse jamás sino de una aplicación de los principios, luego de algo que tenía en ellos una preexistencia al menos implícita, y que siempre era posible, en consecuencia, tornar explícita en cualquier momento, suponiendo que hubiera alguna razón para hacerlo; pero, precisamente, esta razón no se encuentra de hecho más que en las circunstancias contingentes que condicionan una época determinada.

Ahora bien, que los ritos estrictamente "védicos", es decir, tal como eran "en el principio", no sean actualmente practicables, es algo que se observa claramente por el simple hecho de que el soma, que ha desempeñado un papel capital, se perdió en un tiempo al que es imposible evaluar "históricamente"; y está claro que, cuando aquí hablamos del soma, éste debe ser considerado como representando todo un conjunto de cosas cuyo conocimiento, en principio manifiesto y accesible a todos, se ha ocultado en el curso del ciclo, al menos para la humanidad ordinaria. Fue entonces necesario suplirlas con algo que, necesariamente, no podía encontrarse sino en un orden inferior al suyo, lo que significa que los "soportes" gracias a los cuales una "realización" es posible se "materializaron" gradualmente de una época a otra, conforme a la marcha descendente del desarrollo cíclico; una relación como la existente entre el vino y el soma, en cuanto a su uso ritual, podría servir de ejemplo simbólico. Esta "materialización" no debe ser simplemente entendida, por lo demás, en el sentido mas restringido y ordinario de la palabra; tal como nosotros lo consideramos, puede decirse que se comienza a producir desde el momento en que se sale del conocimiento puro, que es también la pura espiritualidad; y el recurso a elementos de orden sentimental o volitivo, por ejemplo, es uno de los mayores signos de tal "materialización", incluso aunque estos elementos sean empleados de manera legítima, es decir, aunque no sean tomados sino como medios subordinados a un fin que es siempre el conocimiento, puesto que, si fuera de otro modo, no se podría ya en modo alguno hablar de "realización", sino solamente de una desviación, de un simulacro o de una parodia, cosas todas que, no hace falta decirlo, están rigurosamente excluidas por la ortodoxia tradicional, bajo cualquier forma y en cualquier nivel que se las pueda considerar.

Lo que acabamos de indicar en último lugar se aplica exactamente al Tantrismo, cuya "vía", generalmente, aparece como más "activa" que "contemplativa", o, en otros términos, como situándose más bien del lado de la "potencia" que del lado del conocimiento; y un hecho particularmente significativo a este respecto es la importancia que da a lo que se designa como la "vía del héroe" (*vîra-mârga*). Es evidente que vîrya, término equivalente al latín *virtus*, al menos según la acepción que tenía antes de ser desnaturalizado en un sentido "moral" por los estoicos, expresa propiamente la cualidad esencial y en cierto modo "típica" no del Brahmán, sino del Chatria; y el *vîra* se distingue del *pashu*, es decir, del ser atrapado en los lazos de la existencia común, menos por un conocimiento efectivo que por una afirmación voluntaria de "autonomía", que, en este estadio, y según el uso que de ella se haga, puede tanto apartarle del objetivo como conducirle a él. El peligro, en efecto, consiste en que la "potencia" sea buscada por sí misma y se convierta así en un obstáculo en lugar de ser un apoyo, y en que el individuo llegue a tomarla como su propio fin; pero es evidente que esto no es más que una desviación y un abuso, que jamás resulta en definitiva sino de una incomprensión de la cual la doctrina no podría ser de ningún modo responsable; y, por añadidura, lo que acabamos de decir no concierne sino a la "vía" como tal, y no al fin que, en realidad, e insistimos una vez más, es siempre el mismo y no puede ser en ningún caso distinto al conocimiento, puesto que no es sino por él y en él que el ser se "realiza" verdaderamente en todas sus posibilidades. No es menos cierto que los medios propuestos para alcanzar esta finalidad están marcados, como inevitablemente deben estarlo, por las especiales características del Kali-Yuga: recuérdese a este respecto que la función propia del "héroe" está siempre y en todas partes representada como una "búsqueda", que si puede estar coronada por el éxito, también corre el riesgo de desembocar en un fracaso; y la "búsqueda" misma supone que algo ha sido perdido anteriormente y que se trata para el héroe de reencontrarlo; esta tarea, al término de la cual el vîra deviene divya, podrá ser definida, si se quiere, como la búsqueda del soma o del "brebaje de inmortalidad" (*amrita*), lo que por otra parte es, desde el punto de vista simbólico, el exacto equivalente de lo que fue en Occidente la "búsqueda del Grial"; y, con el soma de nuevo encontrado, el fin del ciclo se reúne con su comienzo en lo "intemporal".

Capítulo IX

NÂMA-RÛPA[58]

Como es sabido, según la tradición hindú, la individualidad se considera el resultado de la unión de dos elementos, o, más exactamente, de dos conjuntos de elementos designados respectivamente por los términos *nâma* y *rûpa*, que significan literalmente "nombre" y "forma" y que son habitualmente reunidos en la expresión compuesta *nâma-rûpa*, que designa así la individualidad en su totalidad. *Nâma* corresponde al aspecto "esencial" de la individualidad, y *rûpa* a su aspecto "substancial"; son pues aproximadamente los equivalentes del *eidos* y la *hyle* de Aristóteles, o de lo que los escolásticos llamaron "forma" y "materia"; ahora bien, en este caso es preciso prevenirse contra una engorrosa imperfección de la terminología occidental: la "forma", en efecto, equivale entonces a *nâma*, mientras que cuando se toma la misma palabra en su sentido habitual, es por el contrario *rûpa* lo

---

[58] Publicado originalmente en "Etudes Traditionnelles", Marzo de 1940

que debe traducirse por "forma"[59]. No estando tampoco exenta de inconvenientes la palabra "materia", por razones que ya hemos expuesto en otras ocasiones y sobre las cuales no volveremos ahora, consideramos preferible la utilización de los términos "esencia" y "substancia", tomados naturalmente en el sentido relativo en el que son susceptibles de aplicarse a una individualidad.

Desde otro punto de vista algo distinto *nâma* corresponde también a la parte sutil de la individualidad, y *rûpa* a su parte corporal o sensible; pero, por lo demás, esta distinción coincide en el fondo con la precedente, pues son precisamente estas dos partes sutil y corporal las que, en el conjunto de la individualidad, desempeñan en definitiva los papeles de "esencia" y "substancia" en su recíproca relación. En todos los casos, cuando el ser es liberado de la condición individual, puede decirse que está por ello mismo "más allá del nombre y la forma", puesto que estos dos términos complementarios son propiamente constitutivos de la individualidad como tal; naturalmente, esto sólo sucede cuando el ser pasa a un estado supra-individual, pues, en otro estado individual, y por consiguiente todavía "formal", volvería a encontrar forzosamente el equivalente a *nâma* y *rûpa*, bien que la "forma" no fuera ya entonces corporal

---

[59] En inglés se podría hasta cierto punto evitar el equívoco si se conviniera en traducir la "*forma*" escolástica por *forma* y la "forma" en sentido ordinario por *shape*; pero, en francés, es imposible encontrar dos palabras que permitan realizar esta distinción.

como lo es en el estado humano.

Sin embargo, es preciso decir también que *nâma* es susceptible de una cierta transposición en virtud de la cual no es ya el correlativo de *rûpa*; esto sucede cuando se dice que lo que subsiste de un ser humano al morir es *nâma*[60]. Es cierto que podría pensarse en principio que, en este caso, se trata sólo de prolongaciones extracorporales de la individualidad humana; esta forma de entenderlo es por otra parte aceptable en un cierto sentido, a saber, en tanto que *rûpa* se identifica con el cuerpo; no habría entonces una verdadera transposición propiamente hablando, sino que la parte sutil de la individualidad continuaría designándose simplemente como *nâma* tras la desaparición de la parte corporal. Podría incluso entenderse así aun cuando se diga que este *nâma* es "sin fin", en el sentido de que su final coincide analógicamente con su comienzo, como se ve de forma particular en el ejemplo del ciclo anual (*samvatsara*)[61]. Sin embargo, ya no es evidentemente lo mismo cuando se precisa que el ser que subsiste como *nâma* ha pasado al mundo de los *dêvas*[62], es decir a un estado "angélico" o supra-individual; puesto que tal estado es "informal", no puede hablarse ya de *rûpa*, mientras que

---

[60] Brihadâranyaka Upanishad, III, 2, 12.

[61] Jaiminiya Upanishad Brâhmana, I, 35.

[62] Ibid., III, 9.

nâma es traspuesto a un sentido superior, lo que resulta posible en virtud del carácter suprasensible que le está vinculado incluso en su acepción ordinaria e individual; en este caso, el ser estaría "más allá de la forma", pero no "más allá del nombre", a no ser que hubiera llegado al estado incondicionado, situándose por tanto más allá de cualquier estado que, por elevado que pudiera ser, perteneciese todavía al dominio de la existencia manifestada. Podemos subrayar que sin duda es a eso a lo que se refiere, en las doctrinas teológicas occidentales, la concepción según la cual la naturaleza angélica (*dêvatva*) es una "forma" pura (lo que podría traducirse en sánscrito por *shuddha-nâma*), es decir, no unida a una "materia"; en efecto, teniendo en cuenta las particularidades del lenguaje escolástico que hemos señalado anteriormente, esto equivale exactamente a decir que se trata de lo que llamamos un estado "informal"[63].

En esta transposición, *nâma* equivale también al griego *eidos*, pero entendido aquí en un sentido más platónico que aristotélico: es la "idea", no en la acepción psicológica y "subjetiva" que le dan los modernos, sino en el sentido transcendente del "arquetipo", es decir, como realidad del

---

[63] No es menos verdad que la naturaleza angélica, como todo lo que es manifestado, supone necesariamente una mezcla de "acto" y "potencia"; algunos parecen haber asimilado pura y simplemente estos dos términos a "forma" y "materia", que en efecto se les corresponden, pero que tienen normalmente una acepción más restringida; estas diferencias terminológicas han dado lugar a ciertas confusiones.

"mundo inteligible", del que el "mundo sensible" no ofrece más que un reflejo o sombra[64]; puede entonces entenderse que el "mundo sensible" representa simbólicamente todo el dominio de la manifestación formal, mientras que el "mundo inteligible" sería el de la manifestación informal, es decir, el mundo de los *dêvas*. Es también de esta manera como es preciso entender la aplicación del término *nâma* al modelo "ideal" que el artista debe, antes de nada, contemplar interiormente, y según el cual realiza posteriormente su obra con una forma sensible, que es propiamente *rûpa*, de tal manera que, cuando la "idea" se ha "incorporado" de este modo, la obra de arte puede ser contemplada, igual que el ser individual, como una combinación de *nâma* y *rûpa*[65].

Hay entonces, por decirlo así, un "descenso" (*avatarana*) de la "idea" al dominio formal; esto no significa, naturalmente, que la "idea" resulte afectada en sí misma, sino más bien que se refleja en una determinada forma sensible, que procede de ella y a la cual da, de algún modo, vida; podría decirse también, a este respecto, que la "idea" en sí misma corresponde al "espíritu", y que su aspecto "incorporado" corresponde al "alma". El paralelismo con la obra de arte permite comprender de una forma más precisa la verdadera

---

[64] Se recordará aquí el simbolismo de la caverna de Platón.

[65] Sobre este punto, y también para una buena parte de otras consideraciones expuestas en este artículo, véase A. K. Coomaraswamy, "The Part of Art in Indian Life", en el volumen conmemorativo del centenario de Shri Râmakrishna, *The Cultural Heritage of India*, vol. III , pp. 485-513.

naturaleza de la relación existente entre el "arquetipo" y el individuo, y, en consecuencia, de los dos sentidos del término *nâma*, según sea aplicado en el ámbito "angélico" o en el ámbito humano, es decir, según designe el principio informal o "espiritual" del ser, lo que puede llamarse también su pura "esencia", o la parte sutil de la individualidad, que no es "esencia" más que en un sentido completamente relativo y con relación a su parte corporal, pero que representa la "esencia" en el dominio individual y puede, por consiguiente, ser considerado como un reflejo de la verdadera "esencia" transcendente.

Queda ahora por explicar el simbolismo que es inherente a los términos *nâma y rûpa*, y que permite pasar de su sentido literal, es decir, de las acepciones de "nombre" y "forma" a las aplicaciones que acabamos de contemplar. La relación puede parecer más evidente a primera vista para la "forma" que para el "nombre", quizás porque, en lo que concierne a la "forma", no salimos en definitiva del orden sensible con el que se relaciona directamente el sentido ordinario de las palabras; al menos así es cuando se trata de la existencia humana; y, si se tratase de otro estado individual, bastaría considerar que debe haber necesariamente cierta correspondencia entre la constitución del ser manifestado en ese estado y la del individuo humano, simplemente por el hecho de que se trataría siempre de un estado formal. Por otra parte, para comprender bien el verdadero significado de *nâma*, es preciso apelar a nociones menos difundidas, y es preciso ante todo recordar que, como ya hemos explicado en otra parte, el "nombre" de un ser, incluso entendido literalmente, es efectivamente una expresión de su "esencia"; dicho "nombre" es por otra parte también un "número" en el sentido pitagórico y kabalístico, y se sabe que, incluso desde el simple punto de vista de la filiación histórica, la concepción de la "idea" platónica, de la que hablábamos hace un momento, se vincula estrechamente a la del "número" pitagórico.

No es eso todo: es importante subrayar todavía que el "nombre", en el sentido literal, es propiamente un sonido, y pertenece por tanto al orden auditivo, mientras que la "forma" pertenece al orden visual; aquí, el "ojo" (o la vista) es tomado, pues, como símbolo de la experiencia sensible, mientras que la "oreja" (o el oído) es tomada como símbolo del intelecto "angélico" o intuitivo [66] ; igualmente, la "revelación" o la intuición directa de las verdades inteligibles se representa como una "audición" (de ahí la significación tradicional de la palabra *shruti*)[67]. Es evidente que, en sí

---

[66] Cf. Brihadâranyaka Upanishad, I, 4, 17.

[67] Conviene añadir, sin embargo, que, en ciertos casos, la vista y su órgano pueden también simbolizar la intuición intelectual (el "ojo del Conocimiento" en la tradición hindú, o el "ojo del Corazón" en la tradición islámica); pero se trata entonces de otro aspecto del simbolismo de la luz, y en consecuencia de la "visibilidad", diferente del que tenemos que considerar ahora, pues en este último intervienen sobre todo las relaciones de la vista y el oído, o las cualidades sensibles correspondientes; se debe recordar siempre que el simbolismo tradicional nunca es "sistemático".

mismos, la vista y el oído corresponden por igual al dominio sensible; pero en su transposición simbólica, cuando son puestos en relación uno con otro, hay que considerar entre ellos una cierta jerarquía, que resulta del orden de desarrollo de los elementos, y en consecuencia de las cualidades sensibles que con ellos se relacionan: la cualidad auditiva, al estar relacionada con el éter, que es el primero de los elementos, es más "primordial" que la cualidad visual, que se relaciona con el fuego; y vemos así que el significado del término *nâma* está vinculado de forma directa con ideas tradicionales que tienen en la doctrina hindú un carácter verdaderamente fundamental, en particular la idea de la "primordialidad del sonido" y la idea de la "perpetuidad del Veda".

Capítulo X

MÂYÂ[68]

A.K. Coomaraswamy ha señalado recientemente[69] que es preferible traducir *Mâyâ* por "arte" y no por "ilusión", como se hace habitualmente; esta traducción corresponde, en efecto, a un punto de vista que podria considerarse más principial. "Aquel que produce la manifestación por medio de su arte" es el Arquitecto divino, y el mundo es su "obra de arte"; como tal, el mundo no es ni más ni menos irreal de lo que lo son nuestras propias obras de arte, que, a causa de su impermanencia relativa, son igualmente irreales si se las compara con el arte que "reside" en el artista. El inconveniente fundamental que implica la utilización del término "ilusión" es, en efecto, el peligro que fácilmente se corre de interpretarlo como sinónimo de "irrealidad" entendido de una manera absoluta, es decir, el peligro de

---

[68] Publicado en "Etudes Traditionnelles", julio-agosto de 1947.

[69] Reseña del libro póstumo de Heinrich Zimmer, *Myths and Symbols in Indian Art Civilization*, en "Review of Religion", marzo de 1947.

considerar que las cosas que se dicen ilusorias no son sino una nada pura y simple, cuando de hecho se trata solamente de grados diferentes en la realidad; pero volveremos más adelante sobre este punto. Por el momento, añadiremos a lo dicho que la frecuente traducción de *Mâyâ* por "magia", que se ha pretendido a veces apoyar en una semejanza verbal completamente exterior y que no se desprende de ningún parentesco etimológico, nos parece profundamente influida por ese moderno prejuicio occidental, en virtud del cual la magia no tendría sino unos efectos puramente imaginarios y carentes de toda realidad, lo que equivale en definitiva al mismo error. En todo caso, incluso para aquellos que reconocen la realidad, en su orden relativo, de los fenómenos producidos por la magia, no hay evidentemente ninguna razón para atribuir a las producciones del "arte" divino un carácter especialmente "mágico", como tampoco la hay, por otra parte, para restringir de cualquier forma el alcance del simbolismo que los asimila a las "obras de arte", entendidas en su sentido más general[70].

Mâyâ es el "poder" maternal (*Shakti*) por el que actúa el Entendimiento divino"; más exactamente, es *Kriyâ-Shakti*, es decir, la "Actividad divina" (*Ichchâ-Shakti*). Como tal, es inherente al propio *Brahma* o al Principio supremo; se sitúa pues a un nivel incomparablemente superior al de *Prakriti*

---

[70] Naturalmente, este sentido debe ser conforme a las concepciones tradicionales del arte y no a las teorías "estéticas" de los modernos.

y, si también ésta es llamada *Mâyâ*, especialmente en el *Sânkhya*, se debe a que no es en realidad sino el reflejo de esa *Shakti* en el orden "cosmológico"[71]; se puede subrayar aquí, por otra parte, la aplicación del sentido inverso de la analogía: la suprema Actividad reflejándose en la pura pasividad, y la "omnipotencia" principial en la potencialidad de la materia prima. Además, *Mâyâ*, precisamente por ser el "arte" divino que reside en el principio, se identifica también a la "Sabiduría", *Sophia*, entendida exactamente en el mismo sentido que en la tradición judeo-cristiana; y, como tal, es la madre del *Avatâra*: lo es, en primer lugar, en cuanto a su generación eterna, en tanto que *Shakti* del Principio, que es una con el Principio mismo del que no es sino el aspecto "maternal"[72]; y lo es también, en cuanto a su nacimiento en el mundo manifestado, en tanto que *Prakriti*, lo que pone de manifiesto todavía con mayor claridad la relación existente entre estos dos aspectos, superior e inferior, de *Mâyâ*[73].

---

[71] En la terminología occidental, se podría decir que no hay que confundir aquí la *Natura naturans* y la *Natura naturata*, aunque ambas vengan designadas por el término *Natura*.

[72] Krishna dijo: "Aunque sin nacimiento... nazco de mi propia *Mâyâ*" (*Bhagavad-Gitâ*, IV, 6)

[73] Cf. *La Grande Triade*, cap. I, parte final; debe quedar claro a este respecto que la tradición cristiana, al no contemplar de forma diferenciada el aspecto maternal en el Principio, no puede, explícitamente al menos, colocarse en cuanto a su concepción de la *Theotokos* más que en el segundo de los dos puntos de vista que acabamos de indicar. Como dice A. K. Coomaraswamy, "no es

Podemos hacer otra observación, directamente vinculada con lo que acaba de decirse sobre el "arte" divino, relativa al significado del "velo de *Mâyâ*": éste es ante todo la "tela" con la que está confeccionado el entramado de la manifestación a que nos hemos referido en otro lugar[74], y, aunque generalmente pueda pasar inadvertido, este significado está indicado muy claramente en ciertas representaciones en las que, sobre el velo, se representan una diversidad de seres pertenecientes al mundo manifestado. Así pues, sólo secundariamente aparece este velo ocultando o envolviendo de algún modo al Principio, y ello se justifica porque el despliegue de la manifestación oculta, en efecto, el Principio a nuestros ojos; este punto de vista, que es el de los seres manifestados, es inverso del punto de vista principial, pues hace aparecer la manifestación como "exterior" con relación al Principio, cuando, en realidad, no puede ser sino "interior" a él, ya que nada podría existir de forma ninguna fuera del Principio que, precisamente por ser infinito, contiene necesariamente todas las cosas en él.

Esto nos lleva de nuevo a la cuestión de la ilusión: lo que es propiamente ilusorio es el punto de vista que considera la manifestación exterior al Principio; en este sentido, la

---

accidental que el nombre de la madre de Buda sea *Mâyâ*" (lo mismo que, entre los griegos, Maia es la madre de Hermes); en ello se basa también la relación que algunos han querido establecer entre el nombre de *Mâyâ* y el de María.

[74] *Le Symbolisme de la Croix*, cap. XIV.

ilusión es también "ignorancia" (*avidya*), es decir, precisamente lo contrario o lo inverso de la "Sabiduría" a que antes nos referíamos; es esa, cabría decir, la otra cara de *Mâyâ*, pero a condición de añadir que dicha cara existe únicamente como consecuencia de la forma errónea en que contemplamos sus producciones. Éstas son verdaderamente distintas de lo que parecen ser, pues expresan todas algo del Principio, como toda obra de arte expresa algo de su autor, y eso es lo que constituye toda su realidad; ésta no es, pues, más que una realidad dependiente y "participada", que puede ser considerada nula respecto a la realidad absoluta del Principio[75], pero que, en sí misma, no deja de ser una realidad. La ilusión puede, pues, si se quiere, ser entendida en dos sentidos distintos, bien como la falsa apariencia que las cosas adquieren con relación a nosotros, bien como una menor realidad de las cosas mismas con relación al Principio; pero, en uno y otro caso, implica necesariamente un fundamento real, y, en consecuencia, nunca podría ser bajo ningún concepto asimilada a una pura nada.

---

[75] A. K. Coomaraswamy recuerda a este respecto una frase de San Agustín: "*Quo comparata nec pulchra, nec bona, nec sunt*" (*Confesiones, XI*, 4).

Capítulo XI

SANÂTANA DHARMA[76]

La noción de *Sanâtana Dharma* es una de aquellas de las que no existe un equivalente exacto en Occidente, ya que parece imposible encontrar un término que la exprese claramente y bajo todos sus aspectos. Toda traducción que se pudiera proponer sería, si no del todo errónea, al menos insuficiente. Ananda K. Coomaraswamy pensaba que la expresión más apropiada, o la que más se le aproximaría, sería la de *Philosophia Perennis*, tomada en el sentido que se le daba en la Edad Media. Esto es cierto en algunos aspectos, aunque sin embargo existen notables diferencias, tanto más útiles de examinar cuanto que muchos parecen creer demasiado fácilmente en la posibilidad de asimilar pura y simplemente ambas nociones.

Debemos indicar en principio que la dificultad no radica en la traducción de la palabra *sanâtana*, pues el latín *perennis* es realmente su equivalente, siendo propiamente de

---

[76] Publicado en los "Cahiers du Sud", nº especial "Approches de l'Inde", 1949.

"perennidad" o de perpetuidad de lo aquí se trata, y no de eternidad como se dice a veces. En efecto, el término *sanâtana* implica una idea de duración, mientras que la eternidad, por el contrario, es esencialmente "noduración"; la duración de que se trata es indefinida, si se quiere, o más precisamente "cíclica", en la acepción del griego *aiônios*, que no tiene el sentido de "eterno" que los modernos, por una lamentable confusión, le atribuyen con mucha frecuencia. Lo que es perpetuo en este sentido es lo que subsiste constantemente desde el comienzo al final de un ciclo; y, según la tradición hindú, el ciclo que ha de ser considerado en lo que concierne al *Sanâtana Dharma* es un *Manvantara*, es decir, la duración de la manifestación de una humanidad terrestre. Añadiremos inmediatamente, puesto que más tarde veremos toda su importancia, que *sanâtana* tiene también el sentido de "primordial", y es fácil comprender la relación directa que hay con lo que acabamos de indicar, puesto que lo que es verdaderamente perpetuo no puede ser más que lo que se remonta hasta el origen mismo del ciclo. En fin, debe quedar claro que esta perpetuidad, con la estabilidad que necesariamente implica, si bien no debe en absoluto confundirse con la eternidad y no tiene con ella nada en común, debe considerarse no obstante como un reflejo, en las condiciones de nuestro mundo, de la eternidad e inmutabilidad que pertenecen a los principios mismos de los que el *Sanâtana Dharma* es la expresión con relación a éste.

La palabra *perennis*, en sí misma, puede comprender

también todo lo que acabamos de explicar; pero sería bastante difícil decir hasta qué punto los escolásticos de la Edad Media, a cuyo lenguaje pertenece más particularmente el término *Philosophia Perennis*, podían tener claramente conciencia, ya que su punto de vista, siendo evidentemente tradicional, no se extendía más que a un dominio exterior, y por ello mismo limitado en múltiples aspectos. Sea como sea, y admitiendo que se pueda, independientemente de toda consideración histórica, restituir a esta palabra la plenitud de su significado, seguirían subsistiendo serias reservas en cuanto a la asimilación de que acabamos de hablar, pues el empleo del término *Philosophia* corresponde precisamente en cierto modo a esta limitación del punto de vista escolástico. Para empezar, esta palabra, dado el uso que habitualmente hacen de ella los modernos, puede fácilmente dar lugar a equívocos, los cuales, ciertamente, podríamos disipar teniendo el cuidado de precisar que la *Philosophia Perennis* no es "una" filosofía, es decir, una concepción particular, más o menos limitada y sistemática, cuyo autor es tal o cual individuo, sino el fondo común de donde proceden todas las filosofías en lo que realmente tienen de válido; y esta forma de considerarlo respondería ciertamente al pensamiento de los escolásticos. Pero no deja de existir una impropiedad, pues aquello de lo que se trata, si es considerado como una expresión auténtica de la verdad, como debe serlo, sería más bien *Sophia* que *Philosophia*; la "sabiduría" no debe confundirse con la aspiración que a ella tiende, o con la búsqueda que a ella nos pueda conducir, y esto es todo lo que propiamente designa, según su propia etimología, la palabra "filosofía". Se dirá quizás que es susceptible de una cierta transposición, y, aunque ésta no nos parezca imponerse como sería el caso si no se tuviera verdaderamente ningún término mejor para su disposición, no queremos negar esta posibilidad; incluso, en el caso más favorable, estaría aún muy lejos de poder ser considerada como un equivalente de *Dharma*, puesto que no podría designar jamás sino una doctrina que, cualquiera que fuera la amplitud de su dominio, sería en todo caso únicamente teórica, y que, en consecuencia, no correspondería en absoluto a todo lo que comprende el punto de vista tradicional en su integralidad. En éste, en efecto, la doctrina no es jamás considerada como una simple teoría que se basta a sí misma, sino como un conocimiento que debe ser realizado efectivamente y que, además, implica aplicaciones que se extienden a todas las modalidades de la vida humana sin excepción.

Esta extensión proviene del propio significado de la palabra *Dharma*, que por otra parte es imposible de traducir enteramente en un término único para las lenguas occidentales: por su raíz *dhri*, que tiene el sentido de llevar, soportar, sostener, mantener, designa ante todo un principio de conservación de los seres y, en consecuencia, de estabilidad, al menos en tanto que ésta es comparable con las condiciones de la manifestación. Es importante señalar que la raíz *dhri* es casi idéntica, tanto en su forma como en su significado, a otra raíz, *dhru*, de la que deriva la palabra *dhruva*, que designa el "polo"; es efectivamente a esta idea de "polo" o de "eje" del mundo manifestado a la que debemos remitirnos si queremos comprender la noción de *Dharma* en su sentido más profundo: es lo que permanece invariable en el centro de las revoluciones de todas las cosas, lo que regula el curso del cambio, por el hecho mismo de no participar en él. No debe olvidarse, a este respecto, que el lenguaje, debido al carácter sintético del pensamiento que expresa, está aquí mucho más estrechamente vinculado al simbolismo de lo que lo está en las lenguas modernas, donde un vinculo tal no subsiste ya en cierta medida sino en virtud de una lejana derivación; y es posible que incluso pudiéramos demostrar, si esto no nos alejara demasiado de nuestro objeto, que la noción de *Dharma* se vincula muy directamente con la representación simbólica del "eje" en la figura del "Árbol del Mundo".

Podríamos decir que el *Dharma*, si no debiéramos considerarlo así más que en principio, es necesariamente *sanâtana*, e incluso en una acepción más extensa que la ya indicada, puesto que, en lugar de limitarse a cierto ciclo y a los seres que en él se manifiestan, se aplica igualmente a todos los seres y a todos sus estados de manifestación. Volvemos a encontrar efectivamente aquí la idea de permanencia y estabilidad; pero es evidente que ésta, fuera de la cual ya no sería cuestión de *Dharma*, puede sin embargo aplicarse, de una forma relativa, en diferentes niveles y en dominios más o menos restringidos; y ello es lo que justifica todas las acepciones secundarias o "especializadas" de las que este término es susceptible. Puesto que ha de ser concebido como principio conservador de los seres, el *Dharma* reside, para éstos, en la conformidad con su naturaleza esencial; se puede hablar pues, en este sentido, del *dharma* propio de cada ser, que es designado más precisamente como *swadharma*, o del de cada categoría de seres, así como del de un mundo o de un estado de la existencia, o solamente de una porción determinada de éste, del de un cierto pueblo o un cierto período; y cuando se habla de *Sanâtana Dharma*, es entonces, tal como hemos dicho, del conjunto de la humanidad de lo que se trata, y ello durante toda la duración de su manifestación, que constituye un *Manvantara*. Podemos decir aún, en este caso, que es la "ley" o la "norma" propia de ese ciclo, formulada desde su origen por el Manú que lo rige, es decir, por la Inteligencia cósmica que refleja la Voluntad divina y expresa el Orden Universal; y éste es, en principio, el verdadero sentido del *Mânava-Dharma*, independientemente de todas las adaptaciones particulares que puedan derivarse, y que recibirán por tanto legítimamente la misma designación, porque, en suma, no serán más que las traducciones requeridas por tales o cuales circunstancias de tiempo y lugar. Sin embargo, hay que añadir que, en semejante caso, puede ocurrir que la misma idea de "ley" entrañe de hecho cierta restricción, ya que, aunque también pueda ser aplicada por extensión, como ocurre con su equivalente hebreo *Thorah*, al contenido de todo el cuerpo de las Escrituras sagradas, aquello en lo cual hace pensar de la manera más inmediata es naturalmente su aspecto "legislativo" propiamente dicho, que con seguridad está muy lejos de constituir toda la tradición, aunque sea parte integrante de toda civilización que pueda calificarse de normal. Este aspecto no es en realidad más que una aplicación al orden social, pero que, por otra parte, como todas las demás aplicaciones, presupone necesariamente la doctrina puramente metafísica, que es la parte esencial y fundamental de la tradición, el conocimiento principial del que todo el resto depende por completo y sin el cual nada verdaderamente tradicional, sea en el dominio que sea, podría existir en modo alguno.

Hemos hablado del Orden universal, que es, en la manifestación, la expresión de la Voluntad divina, y que reviste en cada estado de existencia modalidades particulares determinadas por las condiciones propias de ese estado; el *Dharma* podría, al menos bajo cierto aspecto, ser definido como conformidad al orden, y es esto lo que explica la estrecha relación que existe entre esta idea y la de *rita*, que es también el orden y que posee etimológicamente el sentido de "rectitud", como el *Te* de la tradición extremo-oriental con el que el *Dharma* hindú tiene muchas relaciones, lo que aún recuerda evidentemente la idea de "eje", que es la de una dirección constante e invariable. Al mismo tiempo, este término *rita* es manifiestamente idéntico a la palabra "rito", y este último, en su acepción primitiva, designaba también, en efecto, todo lo que se cumplía conforme al orden; en una civilización integralmente tradicional, y con mayor razón en su mismo origen, todo tiene un carácter propiamente ritual. El rito no adquiere una acepción más restringida sino por la degeneración que da nacimiento a una actividad "profana", sea en el dominio que sea; toda distinción entre "sagrado" y "profano" supone, en efecto, que ciertas cosas son entonces consideradas fuera del punto de vista tradicional, en lugar de aplicar éste igualmente a todas; y estas cosas, por lo mismo que han sido consideradas como "profanas", se han convertido verdaderamente en adharma o anrita. Debe quedar claro que el rito, que corresponde entonces a lo "sagrado", conserva siempre, por el contrario, el mismo carácter "dhármico", si podemos expresarnos así, y representa lo que sigue siendo aún tal como era anteriormente a esa degeneración, y que es la actividad no ritual la que es realmente desviada o anormal. En particular, todo lo que no es más que "convención" o "costumbre", sin ninguna razón profunda, y de institución puramente humana, no existía originariamente y no es más que el producto de una desviación; y el rito, considerado tradicionalmente como debe serlo para merecer este nombre, no tiene, pese a lo que muchos puedan pensar, la más mínima relación con todo esto, que no constituye más que una falsificación o una parodia. Además, y esto es un punto esencial, cuando hablamos aquí de conformidad al orden, no debemos entender por esto solamente el orden humano, sino también, e incluso ante todo, el orden cósmico; en toda concepción tradicional, en efecto, existe siempre una estricta correspondencia entre ambos, y es precisamente el rito lo que mantiene estas relaciones de una manera consciente, implicando en cierto modo una colaboración del hombre en la esfera donde se ejerce su actividad con el propio orden cósmico.

De esto resulta que, si consideramos al *Sanâtana Dharma* en tanto que tradición integral, éste comprende principialmente todas las ramas de la actividad humana, que son por otra parte "transformadas" por ésta, puesto que, debido a dicha integración, participan del carácter "no-humano" que es inherente a toda tradición, o que, mejor dicho, constituye la esencia misma de la tradición como tal. Es entonces el opuesto exacto del "humanismo", es decir, del punto de vista que pretende reducirlo todo a un nivel puramente humano, y que, en el fondo, no hace sino uno con el punto de vista profano; y es en ello que la concepción tradicional de las ciencias y de las artes difiere profundamente de la concepción profana, hasta tal punto que podríamos decir, sin exageración, que están separadas por un verdadero abismo. Desde el punto de vista tradicional, toda ciencia y todo arte no son realmente válidos y legítimos más que en tanto se vinculen a los principios universales, de tal forma que aparezcan en definitiva como una aplicación de la doctrina fundamental en un cierto orden contingente, al igual que la legislación y la organización social también son otra aplicación en un dominio distinto. Por esta participación en la esencia de la tradición, ciencia y arte tienen también, en todos sus modos de operar, este carácter ritual del que acabamos de hablar, y del cual ninguna actividad está desprovista mientras siga siendo lo que normalmente debe ser; y añadiremos que no hay, desde tal punto de vista, ninguna distinción que hacer entre las artes y los oficios, que tradicionalmente no son más que una sola y única cosa. No podemos insistir mucho más aquí sobre estas consideraciones que ya hemos desarrollado en otras ocasiones, pero pensamos al menos haber dicho lo suficiente como para demostrar cómo todo ello supera en todos los aspectos a la "filosofía", en cualquier sentido en que pueda ser entendida.

Ahora debe ser fácil comprender lo que es en realidad el *Sanâtana Dharma*: no es sino la Tradición primordial, que es lo único que subsiste continuamente y sin cambios a través de todo el *Manvantara* y posee así la perpetuidad cíclica, porque su misma primordialidad la sustrae de todas las vicisitudes de las épocas sucesivas, y sólo así puede, con todo rigor, ser considerada como verdadera y plenamente integral. Por otra parte, a consecuencia de la marcha descendente del ciclo y del oscurecimiento espiritual resultante, la Tradición primordial se ha ocultado y se ha hecho inaccesible a la humanidad ordinaria; ella es la fuente primera y el fondo común de todas las formas tradicionales particulares, que proceden por adaptación a las condiciones especiales de tal pueblo o de tal época, pero ninguna podría ser identificada con el *Sanâtana Dharma* o ser considerada como su expresión adecuada, aunque sin embargo sea siempre como su imagen más o menos velada. Toda tradición ortodoxa es un reflejo y, podríamos decir, un "sustituto" de la Tradición primordial, en la medida en que lo permiten las circunstancias contingentes, de forma que, si bien no es el *Sanâtana Dharma*, lo representa sin embargo verdaderamente para aquellos que se adhieren y participan de ella de una forma efectiva, puesto que no pueden alcanzarlo más que por su mediación, y por otra parte expresa, si no su integralidad, sí al menos todo lo que les concierne directamente, y ello en la forma más apropiada a su naturaleza individual. En un cierto sentido, todas estas diferentes formas tradicionales están contenidas principialmente en el *Sanâtana Dharma*, ya que son otras tantas adaptaciones regulares y legítimas, e incluso ninguno de los desarrollos de que son susceptibles en el curso del tiempo podría jamás ser otra cosa en el fondo; y, en otro sentido inverso y complementario a éste, contienen todas el *Sanâtana Dharma* como aquello que existe en ellas de más interior y más "central", siendo, en sus diferentes grados de exterioridad, como velos que lo recubren y que no lo dejan transparentar más que de una forma atenuada y más o menos parcial.

Siendo esto cierto para todas las formas tradicionales, sería un error querer asimilar el *Sanâtana Dharma* a una de ellas, sea cual sea, por ejemplo a la tradición hindú tal como se nos presenta actualmente; y, si este error es a veces cometido de hecho, no puede ser más que por aquellos cuyo horizonte, en razón de las circunstancias en las que se encuentran, está limitado exclusivamente a esta única tradición. Si, no obstante, esta asimilación es legítima en cierta medida, según lo que acabamos de explicar, los adherentes a cada una de las demás tradiciones podrían decir también, en el mismo sentido y al mismo título, que su propia tradición es el *Sanâtana Dharma*; tal afirmación sería siempre verdadera en un sentido relativo, aunque sea evidentemente falsa en el sentido absoluto. Existe sin embargo una razón por la cual la noción del *Sanâtana Dharma* aparece como ligada más particularmente a la tradición hindú: y es que ésta es, de todas las formas tradicionales actualmente vivas, la que deriva más directamente de la Tradición primordial, puesto que es en cierto modo como su continuación en el exterior, teniendo siempre en cuenta, por supuesto, las condiciones en las cuales se desarrolla el ciclo humano y del cual da una descripción más completa que todas las que pudiéramos encontrar, y así participa en mayor grado que las demás en su perpetuidad. Además, es interesante remarcar que la tradición hindú y la tradición islámica son las únicas que afirman explícitamente la validez de todas las restantes tradiciones ortodoxas; y, si ello es así, es porque, siendo la primera y la última en el curso del *Manvantara*, deben integrar igualmente, aunque en modos diferentes, todas estas formas diversas que se han producido en su intervalo, a fin de hacer posible el "retorno a los orígenes" por el cual el final del ciclo deberá reunirse con su comienzo, que, desde el punto de partida de otro *Manvantara*, manifestara de nuevo al exterior el verdadero *Sanâtana Dharma*.

Aún es preciso señalar dos concepciones erróneas que se hallan muy extendidas en nuestra época, y que testimonian una incomprensión ciertamente mucho más grave y más completa que la asimilación del *Sanâtana Dharma* a una forma tradicional particular. Una de estas concepciones es la de los supuestos "reformadores", como los que se encuentran hoy en día hasta en la misma India, que creen poder encontrar el *Sanâtana Dharma* procediendo a una especie de simplificación más o menos arbitraria de la tradición, que en realidad no responde sino a sus propias tendencias individuales y que a menudo refleja ciertos prejuicios debidos a la influencia del espíritu moderno y occidental. Es de destacar que, generalmente, lo que estos "reformadores" insisten en eliminar ante todo es precisamente lo que tiene un significado más profundo, bien sea porque éste se les escapa por completo, bien porque va en contra de sus ideas preconcebidas; y esta actitud es comparable a las de los "críticos" que rechazan como "interpolaciones" todo lo que, en un texto, no es acorde con la idea que de él se hacen o con el sentido que quieren encontrar. Cuando hablamos de "retorno a los orígenes" como hemos hecho ahora, es con seguridad de algo muy distinto de lo que se trata, y de algo que por otra parte en nada depende de la iniciativa de los individuos como tales; por lo demás, no vemos por qué la Tradición primordial debería ser tan simple como pretende esta gente, si no es que, por enfermedad o debilidad intelectual, se desea que sea así; y, ¿por qué la verdad debería estar obligada a acomodarse a la mediocridad de las facultades de comprensión de la media de los hombres actuales? Para darse cuenta de que no es así, basta con comprender, por una parte, que el *Sanâtana Dharma* contiene todo lo que se expresa a través de todas las formas tradicionales sin excepción, e incluso algo más, y, por otra parte, que son necesariamente las verdades de orden más elevado y más profundo las que se han vuelto más inaccesibles a causa del oscurecimiento espiritual e intelectual inherente al descenso cíclico; en estas condiciones, la simplicidad de los modernistas de toda especie está evidentemente tan lejos como es posible de constituir una señal de la antigüedad de una doctrina tradicional, y con mayor razón aún de su primordialidad.

La otra concepción errónea sobre la que queremos llamar la atención pertenece sobre todo a las diversas escuelas contemporáneas que se relacionan con lo que se ha convenido en designar bajo el nombre de "ocultismo": éstas proceden habitualmente por "sincretismo", es decir, aproximando las diversas tradiciones, en la medida en que pueden conocerlas, de una manera totalmente exterior y superficial, no para intentar extraer lo que tienen en común, sino para yuxtaponer, bien o mal, los elementos tomados de unas y otras; y el resultado de estas construcciones tan heteróclitas como imaginarias es presentado como la expresión de una "antigua sabiduría" o de una "doctrina arcaica" de donde habrían surgido todas las tradiciones, y que debería así ser idéntica a la Tradición primordial o al

Sanâtana Dharma, aunque estos términos sean más o menos ignorados por las escuelas en cuestión. Es evidente que todo esto, sean cuales sean sus pretensiones, no podría tener el menor valor y no responde más que a un punto de vista puramente profano, tanto más cuanto que estas concepciones van acompañadas casi invariablemente de un desconocimiento total de la necesidad, para quien desee penetrar en un grado cualquiera en el dominio de la espiritualidad, de adherirse ante todo a una tradición determinada; y debe quedar claro que queremos hablar con esto de una vinculación efectiva, con todas las consecuencias que ello implica, incluida la práctica de los ritos de esta tradición, y no de una vaga simpatía "ideal" como la que lleva a ciertos occidentales a declararse hindúes o budistas, sin saber realmente lo que esto significa, y, en todo caso, sin pensar jamás en obtener una vinculación real y regular con estas tradiciones. Es sin embargo éste un punto de partida del que nadie puede dispensarse, y no es sino después cuando cada uno podrá, según la medida de sus capacidades, pretender llegar más lejos; no se trata aquí, en efecto, de especulaciones en el vacío, sino de un conocimiento que debe ser esencialmente ordenado en vistas a una realización espiritual. Es por ello que, solamente desde el interior de las tradiciones, e incluso podríamos decir más exactamente desde su centro mismo, si se logra llegar a él, se puede tomar realmente conciencia de lo que constituye su unidad esencial y fundamental, es decir, alcanzar verdaderamente el pleno conocimiento del

Sanâtana Dharma.

Otros libros de René Guénon

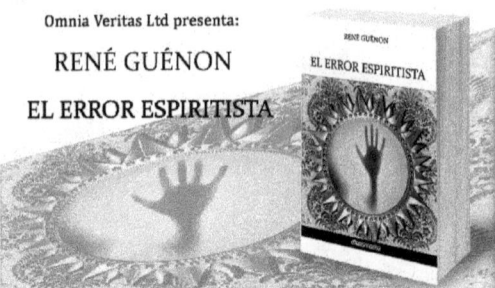

Omnia Veritas Ltd presenta:
RENÉ GUÉNON
EL ERROR ESPIRITISTA

En nuestra época hay muchas otras "contraverdades" que es bueno combatir...

Entre todas las doctrinas "neoespiritualistas", el espiritismo es ciertamente la más extendida

OMNIA VERITAS LTD PRESENTA:
RENÉ GUÉNON
EL REINO DE LA CANTIDAD Y LOS SIGNOS DE LOS TIEMPOS

« Porque todo lo que existe de alguna manera, incluso el error, necesariamente tiene su razón de ser »

... y el desorden en sí mismo debe encontrar su lugar entre los elementos del orden universal

Omnia Veritas Ltd presenta:
RENÉ GUÉNON
APERCEPCIONES SOBRE LA INICIACIÓN

«A menudo nos concentramos en los errores y confusiones que se hacen sobre la iniciación...»

Somos conscientes del grado de degeneración al que ha llegado el Occidente moderno ...

Estudios sobre el Hinduísmo

OMNIA VERITAS LTD PRESENTA:

RENÉ GUÉNON

EL TEOSOFISMO

HISTORIA DE UNA SEUDORELIGIÓN

"Nuestra meta, decía entonces Mme Blavatsky, no es restaurar el hinduismo, sino barrer al cristianismo de la faz de la tierra"

El término teosofía sirvió como una denominación común para una variedad de doctrinas

Omnia Veritas Ltd presenta:

RENÉ GUÉNON

INICIACIÓN
Y
REALIZACIÓN ESPIRITUAL

« Necedad e ignorancia pueden reunirse en suma bajo el nombre común de incomprensión »

La gente es como un "reservorio" desde el cual se puede disparar todo, lo mejor y lo peor

OMNIA VERITAS LTD PRESENTA:

RENÉ GUÉNON

INTRODUCCIÓN GENERAL
AL ESTUDIO DE
LAS DOCTRINAS HINDÚES

« Muchas dificultades se oponen, en Occidente, a un estudio serio y profundo de las doctrinas orientales »

... este último elemento que ninguna erudición jamás permitirá penetrar

«Parece por lo demás que nos acercamos al desenlace, y es lo que hace más posible hoy que nunca el carácter anormal de este estado de cosas que dura desde hace ya algunos siglos»

Omnia Veritas Ltd presenta:
RENÉ GUÉNON
LA CRISIS DEL MUNDO MODERNO

Una transformación más o menos profunda es inminente

«En todo ternario tradicional, cualesquiera que sea, se quiere encontrar un equivalente más o menos exacto de la Trinidad cristiana»

Omnia Veritas Ltd presenta:
RENÉ GUÉNON
LA GRAN TRÍADA

se trata muy evidentemente de un conjunto de tres aspectos divinos

«Según la significación etimológica del término que le designa, el Infinito es lo que no tiene límites»

Omnia Veritas Ltd presenta:
RENÉ GUÉNON
LOS ESTADOS MÚLTIPLES DEL SER

La noción del Infinito metafísico en sus relaciones con la Posibilidad universal

Omnia Veritas Ltd presenta:

RENÉ GUÉNON
Autoridad espiritual y poder temporal

"La distinción de las castas constituye, en la especie humana, una verdadera clasificación natural a la cual debe corresponder la repartición de las funciones sociales."

La igualdad no existe en realidad en ninguna parte

www.omnia-veritas.com

www.ingramcontent.com/pod-product-compliance
Lightning Source LLC
Chambersburg PA
CBHW070917160426
43193CB00011B/1489